Annemarie Schimmel

Jesus und Maria in der islamischen Mystik

وفي الخامس ذكر آل سرجس الجاثليق الذي أورد النصرانية الى خراسان ✧ وفي الرابع

والعشرين ذكر يوحنا المعمدان وهو يحيى بن زكريا **آذار** في

اليوم التاسع منه ذكر الشهداء الاربعين المعذبين بالنار والبرد والجليد وفي

اليوم الحادي عشر ذكر سوفرونيوس البطريق ببيت المقدس وفي الخامس والعشرين

عيد البشارة وهو دخول جبريل عليه السلام على مريم مبشرا بالمسيح ومنه الى الميلاد

تسعة اشهر وخمسة ايام وست ساعات وهو طبيعي لاستقرار المولود في بطن الام وحسبي

وان تعلم انه الاه وانسان وانه مؤيد بروح القدس فكل ما في العالم من العجائب في موجب الطبيعة

فاولى بكونه في البطن ان يكون طبيعيا ايضا وموضع الشمس المقوم لنصف نهار هذا

اليوم ببيت المقدس وهو يوم الاثنين الخامس والعشرين من آذار سنة ثلث وثلثمائة

ليزدجرد هذه قريب من خمسة اسداس الدرجة الاولى من برج الثور لمن على من يعجب في

المولدات مذهب هرمس المصري ان يكون طالع المسيح آخر الحمل واول الثور ولكن هذه

البروج تطلع وقت الميلاد نهارا لان موضع الشمس المقوم لنصف نهار يوم الخميس الذي

يلي ليلة الميلاد ببيت المقدس هو الغرب في دقيقتين وثلث من الجدي وهذا الكتاب المذكور

Annemarie Schimmel

Jesus und Maria in der islamischen Mystik

Chalice Verlag

Die Erstausgabe erschien
1996 im Kösel-Verlag, München

Lizenzausgabe
2018

Titelbild unter Verwendung
einer persischen Miniatur aus dem 15. Jahrhundert

—

Frontispiz Seite 2: islamische Darstellung
der Verkündigung Mariä (Wikimedia Commons)

Buchgestaltung: Robert Cathomas
Herstellung: BoD – Books on Demand GmbH
Printed in Germany

ISBN 978-3-942914-30-7

Inhalt

In Memoriam
Eva-Liselotte Schmid

Für Walter,
Gabi und Ursel

Vorwort

> JESUS VERKÖRPERTE ALS PROPHET GOTTES DIE MENSCHlichen Eigenschaften Aufrichtigkeit, Reinheit, Liebe und Wohltätigkeit. [...] In der Literatur der Sufis ist Jesus der Inbegriff eines vollkommenen Menschen und das Musterbeispiel eines wahren Meisters. Tatsächlich haben die Meister des Sufismus durch die Jahrhunderte, trotz ihres »Moslemtums«, nur Lob für Jesus gekannt und ihn als vollkommenen Sufi dargestellt.

So schreibt der Klappentext eines im letzten Jahr deutsch erschienenen Werkes von Dr. Javad Nurbakhsh, *Jesus in den Augen der Sufis.* Es scheint mir symptomatisch, dass dieses schöne Buch fast gleichzeitig mit dem Werk eines anderen Sufi-Führers, Scheich Muzaffer Ozak, über »Maria im Islam« erschienen ist. Denn das Gefühl, dass es gerade Jesus und Maria sind, durch die Christentum und Islam zu einem besseren gegenseitigen Verständnis kommen können, breitet sich mehr und mehr aus. Bedauerlicherweise wissen nur wenige, dass Jesus als »Vorläufer Mohammeds« in den Augen der Muslime höchste Wertschätzung genießt, wenngleich in dogmatischen Einzelheiten (Kreuzigung, Gottessohnschaft) grundlegende Unterschiede bestehen, während die Gestalt Mohammeds in westlichen Augen immer noch ein Negativbild darstellt.

Vielleicht können die folgenden Seiten – in denen bestimmte Aspekte des Bildes von Jesus und Maria in der mystisch-poetischen Überlieferung des Islams angedeutet werden – zu einem besseren Verständnis der muslimischen Haltung gegenüber dem »Sohn Marias, der Geschöpfe Leuchte« führen und so zu einem fruchtbaren Dialog beitragen.

ANNEMARIE SCHIMMEL
Weihnachten 1995

یا غیاث المستغیثین

Einleitung

UNSERE FROMMEN EHRTEN ANDACHTSVOLL DAS GRAB eures Heiligen, den auch wir für einen Göttlichen Propheten halten; und wie schön hätte sein heiliges Grab die Wiege eines glücklichen Einverständnisses, der Anlass ewiger wohltätiger Bündnisse werden können!

So lässt Novalis in seinem Kreuzfahrerroman *Heinrich von Ofterdingen* (1801) die gefangene Sarazenin Zulima in Jerusalem sagen. Damit weist er auf eine Tatsache hin, die leider immer vergessen oder nie zur Kenntnis genommen wurde. Jesus wird in fünfzehn Suren (Kapiteln) des Korans erwähnt, und zwar in insgesamt 93 Versen. Denn Jesus und Maria sind dem Koran zufolge – und damit für die gesamte islamische Kultur – zwei hochgeehrte Geschöpfe. Jesus, im Arabischen ʿĪsā, ist der »Geist Gottes«, ein »Geist von Ihm« (Sure 4:171), der durch den Hauch des Engels Gabriel in seine jungfräuliche Mutter gelegt worden ist. Oft wird er als *masīḥ,* »Messias«, bezeichnet, aber das Wort hat keinerlei christliche Obertöne, sondern ist einfach als Ehrenname gemeint. Die Jungfrauengeburt ist, wie aus Sure 19:16ff klar wird, ein zentrales Dogma des Islams. Als ich einmal vor muslimischen Theologiestudenten in Ankara erwähnte, dass viele Christen nicht mehr an die Jungfrauengeburt glauben, stand eine meiner Studentinnen empört auf und sagte: »Dann sind wir ja bessere Christen als ihr!« Die entsprechenden Worte im Koran lauten (Sure 19:16–22):

> Und gedenke im Buch der Maria. Da sie sich von ihren Angehörigen an einen Ort gen Aufgang zurückzog
>
> Und sich vor ihnen verschleierte, da sandten Wir Unseren Geist zu ihr, und er erschien ihr als vollkommener Mann.
>
> Sie sprach: »Siehe, ich nehme meine Zuflucht vor dir zum Erbarmer, so du Ihn fürchtest.«

Die Jungfrau und das Kind. Moghul-Kunst (1625–1628). Johnson Album 14,2. British Library, Oriental and India Office Collections, London

Er sprach: »Ich bin nur ein Gesandter von deinem Herrn, um dir einen reinen Knaben zu bescheren.«

Sie sprach: »Woher soll mir ein Knabe werden, wo mich kein Mann berührt hat und ich keine Dirne bin?«

Er sprach: »Also sei es! Gesprochen hat dein Herr: ›Das ist Mir ein Leichtes; und Wir wollen ihn zu einem Zeichen für die Menschen machen und einer Barmherzigkeit von Uns.‹ Und es ist eine beschlossene Sache.«

Und so empfing sie ihn und zog sich mit ihm an einen entlegenen Ort zurück.

Die Überlieferung berichtet, Maria sei damals im Bad gewesen, und Gabriel habe in ihr Hemd geblasen, das sie abgelegt hatte. Maulānā Dschalāl ad-Dīn Rūmī, der große mystische Dichter (1207–1273), hat die Geschichte von Mariä Verkündigung in seinem persischen didaktischen Epos, dem *Masnawī,* besonders schön besungen (siehe Seite 110); man fühlt sich an mittelalterliche christliche Beschreibungen erinnert. Der koranischen Erzählung von der Verkündigung folgt dann (Sure 19:23–26) die bewegende Schilderung von Jesu Geburt:

Und es überfielen sie die Wehen an dem Stamm einer Palme. Sie sprach: »Oh, dass ich doch zuvor gestorben und vergessen und verschollen wäre!«

Und es rief jemand unter ihr: »Sei nicht bekümmert; dein Herr hat unter dir ein Bächlein fließen lassen,

Und schüttele nur den Stamm des Palmbaums zu dir, so werden frische Datteln auf dich fallen.

So iss und trink und sei getrost, und falls du einen Menschen siehst, so sprich: ›Siehe, ich habe dem Erbarmer ein Fasten gelobt – nimmer spreche ich daher heute zu irgendjemandem.‹«

Dass der dürre Palmbaum plötzlich reife süße Datteln herabschüttet, wird als Göttliches Wunder gedeutet, durch das die Geburt eines neuen Gottgesandten, Jesu, des Sohnes Marias, angekündigt wird: Der bittere Schmerz der Gottergebenen Jungfrau wird durch süße Datteln gemildert (vergleiche das Bild auf Seite 114). Eine späte Nachwirkung dieser koranischen Erzählung findet sich in dem schönen Gedicht Paul Valérys, «La Palme», das ebendieses Geschenk Gottes nach geduldigem Harren beschreibt.

Patience, patience, patience sous l'azur
Chaque minute de silence est la chance d'un fruit mûr...

Eine Parallelstelle zu der großen Verkündigungs- und Geburtsgeschichte findet sich in Sure 3:42ff, wo Jesus der Maria von den Engeln als »angesehen im Diesseits und Jenseits« angekündigt wird.

—

Marias Schwangerschaft währte nur sechs Monate, genauso wie die ihrer Verwandten Elisabeth, die dank dem Gebet ihres Gatten Zacharias mit Johannes trotz ihrer Unfruchtbarkeit und des Alters ihres Gatten schwanger geworden war. Der Koran sagt nichts über die Anwesenheit Josefs, Marias Verlobten, aber die »Geschichten der Propheten« berichten von seinem Zweifel, als Marias Schwangerschaft deutlich wurde; und an dieser Stelle heißt es, Jesus habe aus dem Mutterleib Josef wegen seines Zweifels getadelt – wiederum eine außerkoranische Ausmalung der Szene.[1]

Rūmī hat bewegend geschildert, wie die beiden erwartenden Mütter einander begegneten und Elisabeth behauptete, ihr Kind habe sich in ihrem Leib vor Jesus niedergeworfen – eine Geschichte, die, wenn man Rūmīs Beschreibung liest, offenbar von einigen Theologen oder einfachen Gläubigen nicht ernstgenommen wurde, da der Koran nichts von der Begegnung der beiden schwangeren Frauen erwähnt (siehe Seiten 111–112).

Maria nimmt nun, wie der Koran berichtet, ihr neugeborenes Kind mit sich in ihren Heimatort, wo ihre Verwandten sie befragen und ihre Unschuld bezweifeln. Aber unerwartet wird ihr Hilfe zuteil:

> Sie deutete auf ihn [Jesus]. Sie sagten: »Wie sollen wir mit ihm, einem Kind in der Wiege, reden?«
>
> Er [Jesus] sprach: »Siehe ich bin Gottes Diener, gegeben hat Er mir das Buch und Er machte mich zum Propheten.
>
> Und Er machte mich gesegnet, wo immer ich bin, und befahl mir Gebet und Almosen, solange ich lebe,
>
> Und Liebe zu meiner Mutter, und nicht machte Er mich hoffärtig und unselig.

1. Kisai: *The Tales of the Prophets,* transl. Wheeler M. Thackston, Boston 1978, Seite 328. Khāqānī [Chāqānī]: *Dīvān,* ed. Z. Sadschdschadi, Teheran 1959, [nachfolgend *»Dīvān«*], Seite 28, schwört: »Bei der Reinheit Marias davon, dass sie Josef geheiratet hätte!« Das heißt: Die Tatsache, dass sie nichts mit Josef zu tun hatte und reine Jungfrau blieb, ist so evident, dass man dabei schwören kann.

> Und Frieden auf den Tag meiner Geburt und auf den Tag, da ich sterbe, und den Tag, da ich erweckt werde zum Leben!«
>
> Dies ist Jesus, der Sohn der Maria – das Wort der Wahrheit, das sie bezweifeln (19:29–34).

So erscheint das »gesegnete« (*mubārak*) Kind Jesus bereits in voller Glorie als liebender Verteidiger seiner Mutter (vergleiche das Bild auf Seite 8) und als mustergültiger Prophet, von Gott eingesetzt, als Diener Gottes und »ein Wort von Ihm«, wie es an anderer Stelle (Sure 3:45) heißt. Vor allem werden Jesu Demut und Reinheit betont, und es waren diese Qualitäten, die in der späteren Literatur immer wieder an erster Stelle in den Jesus-Geschichten hervorgehoben wurden.

Aber sogleich nach den Worten des Kindes Jesus, in denen er sich als Gottgesandten Propheten bekennt, folgt die scharfe Ablehnung der christlichen Lehre von der Gottessohnschaft:

> Nicht steht es Gott an, einen Sohn zu zeugen: Wenn Er etwas beschließt, so spricht Er nur zu ihm: »Sei!«, und es wird (19:35).

Jesus wird also zu einem lebenden Beweis für die Schöpfermacht Gottes, Der ohne Mühe ein Kind ohne Vater oder, wie im Fall Adams, einen Menschen ohne Eltern erschaffen kann. Dass der verdorrte Palmbaum süße Früchte trug, weist in die gleiche Richtung.

> Er lässt ein Kind erscheinen ohne Vater,
> Das Kind lässt sprechen Er dann in der Wiege.

So sagt ʿAttar in seinem *Pandnāma,* und viele andere tun es ihm gleich.

Die Tatsache, dass Jesus dem Koran zufolge sprach: »Frieden [oder: Heil] über den Tag meiner Geburt...«, zeigt nach Anschauung des großen mittelalterlichen Theologen al-Ghazālī (1058–1111), dass er »einer der Nahegebrachten« war, weil er durch die Huld Gottes, die er erfuhr, so kühn war, solch eine Behauptung auszusprechen (während sein Vetter Johannes auf der Stufe der Ehrfurcht und Scham stand und nie von sich aus ein solches Wort gesagt hätte).[2] Die Ablehnung des Gottessohnschaft erscheint noch schärfer formuliert in Sure 5:75:

> Nicht ist der Messias (*al-masīḥ*) als der Sohn Marias etwas anderes als ein Gesandter, vorausgingen ihm Gesandte, und seine Mutter war aufrichtig. Beide aßen Speise [...]

Das heißt: Sie waren normale Menschen, nicht, wie es bei einem »Sohn Gottes« zu erwarten wäre, engelhafte Wesen, die keiner Speise bedurften. Und wenn Jesus sagte: »Ich gehe zum Vater«, so war das nur symbolisch gemeint. So sieht es Lāhīdschī, für den, wie für viele Sufis, der Erste Intellekt der Vater ist, und: »So sprach Jesus bei seiner Himmelfahrt (vergleiche das Bild auf Seite 86): ›Ich gehe zu meinem Vater (*abba*) hinauf.‹«[3] Der große Ismaili-Philosoph und Dichter Nāsir-i Chusrau schreibt schon drei Jahrhunderte vor ihm in seiner persischen Dichtung:

> Als Jesus sagte: »Zu dem Vater geh ich«,
> war für die wahren Weisen das nur ein Symbol.
> Die Einsichtsvollen wussten, was er sagte;
> Die Mönche aber gingen irr.[4]

In der gleichen Sure, die zweimal die Gottessohnschaft ablehnt, findet sich noch eine andere Erzählung über Jesus (5:109–115), nach deren Kernworten dieses ganze Kapitel des Korans *al-Mā'ida,* »Der Tisch«, heißt:

> Am Tage, da Gott alle Seine Gesandten versammeln wird, wird Er sprechen: [...]
>
> »Oh Jesus, Sohn der Maria, gedenke Meiner Gnade gegen dich und deine Mutter, als Ich dich mit dem Heiligen Geist stärkte, auf dass du reden solltest zu den Menschen in der Wiege und als Erwachsener, und als Ich dich lehrte die

2. Al-Ghazālī, zitiert in Javad Nurbakhsh: *Jesus in den Augen der Sufis,* Köln 1995. Der Ausdruck »nahegebracht« bezieht sich auf Sure 3:45.

3. Lāhīdschī, im Kommentar zu Schabistaris *Gulschan-i raz,* zitiert in Nurbakhsh, o.p. Seite 7.

4. Nāsir-i Khusrau [Chusrau]: *Dīvān-i asch'ār,* ed. M. Minovi, Teheran o.D. (ca. 1928), Seite 327.

Schrift und die Weisheit und die Thora und das Evangelium, und als du aus Ton mit Meiner Erlaubnis die Gestalt eines Vogels erschufst und in sie hineinhauchtest und sie ein Vogel ward mit Meiner Erlaubnis, und als du die Blinden und Aussätzigen mit Meiner Erlaubnis heiltest und die Toten herauskommen ließest mit Meiner Erlaubnis, und als Ich die Kinder Israels von dir zurückhielt, als du ihnen die deutlichen Zeichen brachtest. Und da sprachen die Ungläubigen unter ihnen: ›Dies ist nichts als offenkundige Zauberei.‹

Und als Ich den Jüngern inspirierte: ›Glaubet an Mich und an Meinen Gesandten.‹ Sie sprachen: ›Und sei du Zeuge, dass wir Muslime sind.‹

Und als die Jünger sprachen: ›Oh Jesus, Sohn der Maria, ist dein Herr imstande, zu uns einen Tisch vom Himmel herabzusenden?‹ Er sprach: ›Fürchtet Gott, so ihr gläubig seid.‹

Sie sprachen: ›Wir wollen von ihm essen und unsere Herzen sollen in Frieden sein, und wissen wollen wir, dass du uns tatsächlich die Wahrheit gesagt hast, und wollen ihre Zeugen sein!‹

Da sprach Jesus, der Sohn Marias: ›Oh Gott, unser Herr, sende zu uns einen Tisch vom Himmel herab, dass es ein Festtag für uns werde, für den ersten und letzten von uns, und ein Zeichen von Dir, und versorge uns, denn Du bist der beste Versorger.‹«

Da sagte Gott: »Siehe, Ich sende ihn zu euch hinab, und wer hernach von euch ungläubig ist, siehe, den werde Ich strafen mit einer Strafe, wie Ich keinen von aller Welt strafen werde.«

Hier werden die verschiedensten Wunder Jesu aufgezählt, die auch an anderen Stellen im Koran erwähnt sind und die, wie wir sehen werden, das Material für die Legenden und Erzählungen, für die poetischen Anspielungen auf Jesus bilden sollten.

Der Text in Sure 5 aber geht weiter mit einer scharfen Ablehnung der Gottessohnschaft und vor allem der Trinität, denn Jesus wird im Koran ausdrücklich als »Diener Gottes« (*ʿabd Allāh*) bezeichnet (Sure 19:30), wenn er auch »Geist von Gott« ist. Das bedeutet, er ist geschaffen und ist Gott untergeordnet.

Und wenn Gott sprechen wird: »Oh Jesus, Sohn der Maria, hast du zu den Menschen gesagt: ›Nehmet mich und meine

> Mutter als zwei Götter neben Gott an?‹«, dann wird er sprechen: »Preis sei Dir! Es steht mir nicht zu, zu sagen, was nicht wahr ist. Hätte ich es gesagt, dann wüsstest Du es. Du weißt, was in meiner Seele ist; ich aber weiß nicht, was in Deiner Seele ist. Siehe, Du bist es, Der die Geheimnisse weiß.
>
> Nichts anderes sagte ich zu ihnen als das, was Du mich hießest, nämlich: ›Dienet Gott, meinem Herrn und eurem Herrn.‹ Und ich war Zeuge wider sie, solange ich unter ihnen weilte. Seitdem Du mich aber zu Dir nahmst, bist Du ihr Wächter, und Du bist aller Dinge Zeuge« (5:116–117).

Für die Mystiker wird diese Beschreibung zum Beweis dafür, dass Jesus ein Muster an *adab,* »rechtem Verhalten«, war, denn er überließ das Urteil über seine Aussage Gott und stellte nicht einfach fest: »Ich habe es nicht gesagt!« Dadurch wird Jesus ein besonders hoher Rang zugeschrieben, denn »rechtes Benehmen« ist eine der wichtigsten Eigenschaften des Menschen allgemein und des Gottsuchers im Besonderen.[5]

—

Die Geburtsgeschichte Jesu wird auch in Sure 3:49–51 berichtet, und bei der Entsendung Jesu heißt es, er werde zu den Kindern Israel sprechen:

> »Siehe, ich komme zu euch mit einem Zeichen von eurem Herrn. Siehe, ich will euch erschaffen aus Ton die Gestalt eines Vogels und will in sie hauchen, und sie soll werden ein Vogel mit Gottes Erlaubnis; ich will heilen den Mutterblinden und Aussätzigen und will die Toten lebendig machen mit Gottes Erlaubnis, und ich will euch verkünden, was ihr essen und was ihr aufspeichern sollt in euern Häusern. Siehe, hierin ist wahrlich ein Zeichen für euch, so ihr gläubig seid.
>
> Und [ich komme] als eine Bestätigung der Thora, die vor mir war, und um euch zu erlauben einen Teil von dem, was euch verwehrt war, und ich komme zu euch mit einem Zeichen von eurem Herrn. So fürchtet Gott und gehorchet mir.
>
> Siehe Gott ist mein Herr und euer Herr, drum dient Ihm. Dies ist ein rechter Weg.«

5. Al-Quschairī: *Risāla fi't-taṣawwuf,* Kairo 1812, Kapitel *Adab,* Seite 42.

Schon in seiner Kindheit, auf dem Weg nach Ägypten, zeigte der kleine Jesus – wie die »Geschichten der Propheten« erzählen – wundersame Einsicht; einen Löwen, der am Weg lag und einen Ochsen suchte, den er verschlingen wollte, wies er an, lieber ein an einer bestimmten Stelle grasendes Kamel zu fressen, weil der Ochse armen Leuten gehörte; Räubern, die ein Haus plündern wollten, zeigte er die Stelle, wo ein Schatz vergraben lag; und seine wunderwirkende Hand half auch einer in den Wehen liegenden Frau, ihr Kind heil zur Welt zu bringen. Und dass er in jedem Buchstaben des Alphabets einen Hinweis auf eine Eigenschaft Gottes fand, beeindruckte seinen Lehrer über die Maßen, wie es immer wieder betont wird.[6] Der Koran spricht in Sure 3:55ff von der Lüge und Heuchelei derer, die sich zunächst Jesus anschlossen, aber dann Listen gegen ihn schmiedeten, während doch Gott »der beste Listenschmied« ist. Und dann redet Gott noch einmal Jesus an:

> »Oh Jesus, siehe, Ich will dich verscheiden lassen und will dich erhöhen zu Mir und will dich von den Ungläubigen säubern und will deine Nachfolger über die Ungläubigen setzen bis zum Tag der Auferstehung. Alsdann ist zu Mir eure Wiederkehr, und Ich will richten zwischen euch über das, worin ihr uneins seid.«

In Sure 4 Vers 156–159 wird dieses Thema wiederum behandelt, wobei die Gegner Jesu mit harter Strafe bedroht werden:

> Und weil sie ungläubig waren und wider Maria eine große Verleumdung aussprachen,
>
> Und weil sie sprachen: »Siehe, wir haben den Messias Jesus, den Sohn der Maria, den Gesandten Gottes, ermordet«. Doch sie töteten ihn nicht und kreuzigten ihn nicht, sondern einen ihm Ähnlichen [...],
>
> Sondern es erhöhte ihn Gott zu Sich, und Gott ist mächtig und weise.
>
> Und wahrlich vom Volk der Schrift wird jeder an ihn glauben vor seinem Tode, und am Tag der Auferstehung wird er wider sie Zeuge sein.

6. Kisai: *The Tales of the Prophets,* Seiten 330–332. Die Überlieferung von dem kleinen Jesus und seiner mystischen Auslegung der Buchstaben des Alphabets kommt häufig in Sufi-Geschichten und volkstümlichen Erzählungen vor.

Dieser Koranvers ist zentral für die muslimische Christologie; Jesus wurde nicht getötet, sondern lebendig in den Himmel erhoben, wo er bis zum Ende der Welt weilt. Eine Legende arbeitet die Vorstellung von dem Ersatz für Jesus bei der Hinrichtung aus (vergleiche das Bild auf Seite 130). Über die Person dessen, der an Jesu Stelle gekreuzigt wurde, gibt es allerdings verschiedene Vorstellungen; nach einigen Autoren ist es Judas, der im Augenblick der Kreuzigung den Henkern wie Jesus erschien und deshalb sterben musste, während Jesus selbst zum Himmel erhoben wurde. Doch bewegender ist die Auffassung des persischen Mystikers Kāzarūnī (gestorben 1034), dass ein Gefährte Jesu, der seinen Meister retten wollte, auf sein Gebet hin Jesus verähnlicht wurde und an seiner Statt starb; als Jesus, der lebendig in den Himmel aufgenommen wurde, sich darüber betrübte, wurde er von Gott damit getröstet, dass die Seele dieses Mannes bei Gott lebe.[7]

Schließlich haben die Sufis immer tiefere Auslegungen der Kreuzigungsgeschichte gegeben; so heißt es bei Ruzbihan-i Baqli (gestorben 1209) in seinem *Kommentar zu den Paradoxen der Sufis,*[8] dass die *nafs,* die niedere Seele, die bekämpft werden muss, Jesus verähnlicht und deshalb gekreuzigt wird, während der reine Geist zum Himmel geht:

> Jesus wurde mit dem Strick der Unschuld (*ʿiṣmat*) durch das Fenster der Seele in den Hof des Himmels des Einswerdens gezogen.

Allerdings hat die Bemerkung »Ich will dich verscheiden lassen« (Sure 3:55) auch zu der Vorstellung geführt, Jesus sei eines natürlichen Todes gestorben.

—

Der Gedanke der Todlosigkeit Jesu klingt selbst in Sindhi-Volksrätseln wider: »Wer ist geboren, aber nie gestorben?« Daher glauben einige Fromme, und zwar in erster Linie in der aus Indien stammenden Ahmadiyya-Bewegung, dass Jesus nach seinem Verschwinden nicht in den Himmel aufgehoben worden, sondern

7. Kāzarūnī: *Firdaus al-murschidiyya,* die Vita des Scheich Abū Ishaq al-Kāzarūnī in der persischen Bearbeitung von Mahmūd ibn ʿUtmān, hrsg. von Fritz Meier, Leipzig 1948, Seite 301.

8. Ruzbihan Baqli: *Sharh ash-shathiyāt,* ed. Henry Corbin, Teheran und Paris, 1966, Seite 384.

nach Kaschmir gewandert sei, wo er noch Jahrzehnte gepredigt habe und wo sich auch sein Grab befinde. Das Mausoleum in Srinagar, das seinen Namen trägt, ist bis heute ein Wallfahrtsort, der von Angehörigen nicht nur der Ahmadiyya, sondern auch anderer Religionsgemeinschaften besucht wird.

Jesus ist für den Koran »ein Zeichen für die Stunde« (Sure 43:61). Das wird oft so ausgelegt, dass er vor der Auferstehung in einem »zweiten Kommen« wieder zur Erde hinabsteigen wird, wo er den Daddschāl, eine Art Antichrist, bekämpfen und überwinden, die Schweine töten und das Endreich aufrichten wird, dessen Zentrum Jerusalem sein wird; hier wird er, so glaubt man, gemäß dem islamischen Gesetz richten, bis der Tag der Auferstehung kommt.

Der Glaube an die Wiederkunft Christi gehört zum Credo vieler Muslime; so heißt es bei dem eben genannten persischen Sufi Kāzarūnī:

> Wir glauben, dass Jesus vom Himmel kommen und die Götzenbilder zerschlagen wird, die Schweine töten und Kopfsteuern auflegen und den Daddschāl töten wird.[9]

Diese Vorstellung zeigt Jesus als echt muslimischen Herrscher, denn das Verbot von Schweinefleisch ist aus dem Koran (Sure 2:173 u.a.) bekannt, und muslimische Herrscher legten den Schriftbesitzern (das heißt den Juden, Christen, Sabiern und einigen anderen Religionsgemeinschaften) Kopfsteuern auf, die ihnen eine Sonderstellung (Verwaltung unter den eigenen religiösen Führern wie Bischöfen und Rabbis, Freistellung vom Kriegsdienst und anderes) sicherten (vergleiche Sure 9:29).

Eine Tradition behauptet:

> Nachdem Jesus vor der Auferstehung vierzig Jahre geherrscht hat, stirbt er und wird in Medina in der Umgebung des Prophetengrabes beigesetzt.

Die Tatsache, dass der Koran die Kreuzigung Jesu zugunsten eines doketistischen »Ersatztodes« festhält, ist für den Muslim maßgeblich, und dennoch findet man in frühen Prophetenlegenden auch Berichte von seinem Leiden und Tod, wie in den Schilderungen

9. KĀZARŪNĪ: *Firdaus*, Seite 301.

des Wahb ibn Munabbih. Dieser Überlieferer (gestorben 732) ist die ausführlichste Quelle für sichtlich aus der neutestamentlichen Tradition übernommene Berichte über Jesus; Tor Andræ hat seine ausführliche Schilderung vom letzten Abendmahl und der Leidensgeschichte übersetzt.[10] Wahbs Berichte dürften die Quelle für entsprechende, wenn auch seltene Anspielungen auf Jesu Leiden in den Werken persischer Dichter sein. So heißt es in Sanā'īs *Ḥadīqat al-ḥaqīqa,* dass der Weg zur Freude »durch den Freitag der Kreuzigung« führt:

> Das Auge des Intellekts ist beim Gedanken an das Jenseits verwirrt, denn auf dem Wege zur Göttlichen Natur (*lāhūt*) liegt für deinen Jesus der Freitag der Kreuzigung auf dem Weg.[11]

Die Gleichung »Seele = Jesus« wird uns noch bei anderen Schriftstellern begegnen.

—

Der Koran sieht also Jesus als den letzten großen Propheten vor Mohammed in der langen Reihe von Gottgesandten, die vom Tag Adams an immer wieder erschienen waren, denn Gott hat die Welt nie ohne Seine Leitung gelassen. Jesus ist der direkte Vorläufer Mohammeds, den die Muslime als den verheißenen Parakleten ansehen, da sie das Wort *aḥmad,* »hochgelobt«, in Sure 61:6 als Übersetzung des griechischen *perikletos* verstanden, das sie wiederum mit *parakletos* gleichsetzten (siehe das Bild auf Seite 98; auch das Bild auf Seite 40 stammt aus einer Genealogie des Islams). Mohammed bildet, wie es die Muslime empfinden, den Mittelweg zwischen den Wegen der beiden großen Propheten, nämlich der legalistischen Strenge des Moses und der überströmenden Liebe, aber auch der Weltabgewandtheit Jesu.

Die Gestalt Jesu, des Sohnes Marias, wurde schon bald von immer neuen Legenden umkleidet, entstand der Islam doch auf vorwiegend christlichem Boden. Viele Legenden dürften aus biblischen Quellen gespeist sein; vor allem die Apokryphen und die

10. Tor Andræ: *I Myrtenträdgården,* Stockholm 1948; deutsch: *Islamische Mystiker,* Stuttgart 1960. Hier zitiert nach der überarbeiteten englischen Fassung von Birgitta Sharpe: *In the Garden of Myrtles,* Albany, New York, 1987, Seite 25ff.

11. Sanā'ī: *Ḥadīqat al-ḥaqīqat wa scharī'at at-tarīqat,* ed. Mudarris Razawi, Teheran 1962, Seite 112.

Kindheitsevangelien lieferten schönes Material, und vielleicht haben die Christen aller der im islamischen Gebiet vorhandenen Konfessionen (Nestorianer, Jakobiten, Melkiten, Kopten und manche mehr) zu dem frühen Legendenschatz beigetragen, der zu einem guten Teil von Wahb ibn Munabbih überliefert wurde.

Es gibt sogar Beschreibungen Jesu in der klassischen Sufi-Literatur; die Hilya[12] schildert ihn als »mittelgroß, von rosiger Farbe, doch ein wenig bleich, mit gerade herabhängendem Haar und den Kopf ein wenig zur Seite geneigt.«[13]

Jesus erscheint oft in der ältesten Literatur der Sufis und ist, wie wir sehen werden, ein Vorbild für Askese und Gottesliebe: Die Quellen berichten von dem Kontakt, ja der Freundschaft zwischen muslimischen Asketen und christlichen Mönchen und Einsiedlern, wie Tor Andræ in seinem schönen Büchlein *I Myrtenträdgården* aufzeigt; sie scheuten sich oft nicht, die christlichen Frommen mit dem muslimischen Friedensgruß anzureden, und es kam vor, dass ein Asket als »Freund Jesu« bezeichnet wurde. Manche Legenden weisen darauf hin: Sahl ibn ʿAbdallāh at-Tustarī (gestorben 896) traf einen Jünger Jesu (das heißt einen Mönch), der einen scheinbar ganz neuen Wollmantel trug; nach diesem Kleidungsstück befragt, antwortete der Mönch, er trage ihn seit den Tagen Jesu, denn: »Nicht der Körper trägt die Kleider ab, sondern der Gestank von Sünden und verbotener Speise.« So ist es nicht überraschend, dass sich zahlreiche Legenden über Jesus und ihm zugeschriebene Worte in den Werken der frühen Sufi-Schriftsteller finden. Besonders wichtige Quellen sind dabei Abū Tālib al-Makkīs (gestorben 996) *Qūt al-qulūb,* »Nahrung der Herzen«, Abū Nuʿaims (gestorben 1037) *Ḥilyat al-auliyā,* »Zierde der Gottesfreunde«, und Quschairīs (gestorben 1074) berühmte *Risāla fi't-taṣawwuf,* das »Sendschreiben über den Sufismus«; sie erscheinen auch in dem ersten persischen Werk über Mystik und Mystiker, Hudschwīrīs (gestorben um 1071 in Lahore) *Kaschf al-maḥdschūb,* »Enthüllung des Verhüllten«. Das umfassende Werk al-Ghazālīs *Iḥyā' ʿulūm ad-dīn,* »Wiederbelebung der Wissenschaften von der Religion«, das heißt der Theologie, ist ebenfalls eine Fundgrube von Jesus-

12. Eine islamische Textgattung, welche die überlieferten inneren und äußeren Eigenschaften des Propheten Mohammed kalligrafisch und ornamental darstellt [Anmerkung der Herausgeber].

13. Abū Nuʿaim al-Isfahānī: *Ḥilyat al-auliyā,* 10 Bände, Kairo 1932ff, Band VII, Seite 301.

Geschichten, die häufig aus dem *Qūt al-qulūb* stammen und dann in die spätere Literatur übernommen worden sind.

Die drei großen mystischen Dichter aus dem östlichen Iran gaben Jesus einen besonderen Platz in ihren poetischen Werken. Sanā'ī, der Hofpoet und Lehrdichter von Ghazna (jetzt Afghanistan), der 1131 starb, erzählt in seinem Lehrgedicht *Ḥadīqat al-ḥaqīqat,* »Garten der Wahrheit«, eine Reihe von Geschichten über Jesus; aber noch stärker ist der Anteil von Jesus-Legenden in den poetischen Werken Fariduddin ʿAttars, der 1221 in Nischapur starb. ʿAttar, ein begnadeter und fantasiereicher Geschichtenerzähler, ist neben seinem Prosawerk über Heiligenleben vor allem durch seine epische Dichtung bekannt, aus der drei umfangreiche Werke hervorgehoben werden müssen. Am bekanntesten ist das *Mantiq ut-tair,* »Vogelrede« oder, wie man meist sagt, »Vogelgespräche«. In diesem Gedicht wird der Weg der dreißig Seelenvögel zum himmlischen Vogelkönig (nämlich Gott), dem Simurgh, beschrieben; unter Führung des Wiedehopfes (*hudhud*) wandern die Vögel durch sieben Täler dem Ziel zu. Das *Ilāhīnāma,* »Buch von Gott«, erzählt die Gespräche eines Königs mit seinen sechs Söhnen, die er durch immer neue Parabeln und Geschichten von ihren allzu irdischen Wünschen abzulenken sucht, und im *Musībatnāma,* dem »Buch des Unglücks«, wird der Weg des Suchers durch die vierzigtägige Klausur geschildert: Jeden Tag wendet er sich an ein anderes Wesen, um den Weg zu Gott zu erfragen, aber erst ganz am Ende wird er von Mohammed ins »Meer der eigenen Seele« gesandt, wo er Gott finden kann. In all diesen Epen erscheint Jesus als Asket, als gebetsmächtiger Heiler, der auch den größten Namen Gottes kennt. Im *Musībatnāma* ist er die vorletzte Instanz, zu der sich der Sucher wendet und der ihn zu Mohammed weist, dessen Ankunft er ankündigt: Hier nimmt ʿAttar das schon erwähnte Thema des Parakleten, *aḥmad,* auf – Jesus zeigt den Weg zu dem »Tröster der Menschheit«, das ist Mohammed. ʿAttar bietet in seinem Werk die geschlossenste Gruppe von Erzählungen über Jesus.

Auch der dritte und größte der persischen mystischen Dichter, Dschalāl ad-Dīn Rūmī, der, aus dem afghanisch-zentralasiatischen Raum stammend, den größten Teil seines Lebens im anatolischen Konya verbrachte, hat dem letzten großen Propheten vor Mohammed eine Reihe von Geschichten gewidmet, deren manche er auch in seinem persischen Prosawerk *Fīhi mā Fīhi,* »Von Allem und vom Einen«, eingeflochten hat. Seine zarte Schilderung der Verkündigung Marias haben wir schon erwähnt. In all seinen Erzählungen aber findet man neben der tiefen, liebenden Verehrung Jesu die strikte Ablehnung der Gottessohnschaft – wie das für den Muslim selbstverständlich ist.

Auch Rūmīs lyrisches Werk ist durchdrungen von Anspielungen auf Jesus. Das gilt aber nicht nur für ihn (wenn auch ganz besonders), sondern ebenso für alle lyrischen und epischen Dichter der islamischen, und besonders der östlichen islamischen Welt. Jesus und Maria werden zu Symbolen; Jesu Name steht Tausende von Malen für den Geliebten, der die Liebeskranken heilt oder die von Sehnsucht Getöteten belebt; auch in Verbindung mit Gartenschilderungen erscheint er häufig, vergleichbar der Frühlingsbrise, die den scheinbar toten Pflanzen neues Leben schenkt.

Im Allgemeinen sind diese Bilder ziemlich gleichförmig und unterscheiden sich meist nur durch mehr oder minder geistreiche Formulierungen; aber es gibt auch Dichter, die sich in der christlichen Tradition besser auskannten als die meisten und die daher sonst weniger gebräuchliche Motive einflechten. Rūmī ist einer von ihnen; denn die Stadt Konya (das alte Iconium) hatte noch im dreizehnten Jahrhundert einen bedeutenden christlichen Bevölkerungsanteil: Es liegt nicht fern von Kappadokien, wo einst einige der großen Kirchenväter (Gregor von Nazianz, Gregor von Nyssa, Basilius der Große) gelebt hatten und wo christliches Gedankengut in der Luft lag, christlicher Kult noch ganz lebendig war. Kein Wunder, dass er auch von dem »langen Gerede« spricht, in dem der Christ in der Beichte dem Priester die Sünden eines ganzen Jahres – Ehebruch, Betrug und so weiter – bekennt.[14]

Noch stärker aber ist das christliche Element bei einem der größten Dichter persischer Sprache ausgeprägt. Das ist der aus Schirwan im Kaukasus stammende Chāqānī, der nach einem unruhigen Wanderleben 1199 in Tabriz starb. Seine Mutter war eine frühere Sklavin, die der nestorianischen Tradition angehörte und von der er viel über christliche Vorstellungen und Praktiken gelernt haben dürfte, und sein Aufenthalt am Hofe des byzantinischen Kaisers Manuel Komnenos sowie seine Beziehung zu dessen Vetter gaben ihm sogar die Möglichkeit, sich in theologische Dispute in Byzanz einzumischen. Bei keinem anderen Dichter findet

14. Rūmī: *The Mathnawī*, ed. R.A. Nicholson, 6 Bände, London und Leiden 1925–40, Band V, 3257.

man so viele Hinweise auf Kirchen, auf Orgelspiel und die »näselnde« Rezitation des Evangeliums durch die Priester, auf »Jesu Kerzen« und ähnliche Sitten. Das alles zeugt von einer praktischen Kenntnis des Christentums, die in einem Gebiet wie dem Kaukasus, wo christliche und muslimische Gläubige jahrhundertelang zusammenlebten, ganz natürlich ist. Im byzantinischen Gefängnis fragt Chāqānī in einem langen Gedicht mit Anspielungen auf koranische Gedanken:

Was war jenes Sprechen Jesu zur Zeit seiner Geburt?
Was war jenes Fasten Marias beim Lauschen?
Wie verfertigte Jesus aus Ton einen Vogel?
Wie belebte er die Person des Lazarus?
Wovon sprach Jesus am Galgen?
»Ich will zum Vater gehen in die Höhe!«[15]

Chāqānī, wie die meisten persischen Dichter nicht gerade bescheiden in seinem Selbstlob, wagt es auch, sich mit Jesus zu vergleichen, der im vierten Himmel lebt, von Rosen und Duftkräutern umgeben ist, aber dennoch nicht in die unmittelbare Umgebung Gottes zugelassen wird.[16] Und noch mehr: Seine nestorianischen Nachbarn halten ihn für einen zweiten Jesus; sie vernachlässigen den Gedanken an Jesus und den vierten Himmel und reden nur noch von ihm![17] Aber noch interessanter ist seine stolze Behauptung über seine Dichtkunst, die höher ist als die Kunst normaler Poeten:

Ich habe keine Sammlungen (Diwane) und Gedichte vor mir –
Jesus hat keine Medizin und keinen Mörser![18]

denn der große Wunderarzt bedarf der Instrumente nicht, der große Dichter nicht der traditionellen Papierweisheit. Vielleicht kannte er Sanā'īs Bemerkung über den Unterschied zwischen dem echten Dichter und einem Nachplapperer:

Jesu Platz ist im Himmel,
der Platz des Papageis ist auf dem Ast!

15. CHĀQĀNĪ: *Dīvān,* Seite 27.
16. Ibid. Seite 153.
17. Ibid. Seite 881.
18. Ibid. Seite 319.

Es wäre eine lockende Aufgabe, einmal Chāqānīs Anspielungen auf christliche Themen in größerem Zusammenhang zu untersuchen; aber bei seiner höchst komplexen, großartigen poetischen Sprache ist das kein leichtes Unterfangen.

Anspielungen auf Kirche, Klöster und Mönche sind allerdings schon seit frühen Tagen in der arabischen und persischen Poesie zu finden, und zwar (vor allem in der arabischen Lyrik der ersten Jahrhunderte der islamischen Zeitrechnung) oft in frivolem Zusammenhang; man veranstaltete nämlich in christlichen Klöstern Trinkgelage, wobei – wenn wir den Gedichten der Frühzeit glauben dürfen – junge Mönche mit »kreuzförmiger« Haartracht den Besuchern den im Islam verbotenen Wein kredenzten: Dieses Thema ist immer neu abgewandelt worden. Typisch ist ein Vers, der »christliche« Bilder verbindet:

Seine beiden Locken wurden zum Kreuz
und seine Lippen zu einem Jesus,
sein Gesicht: ein Psalm der Lieblichkeit
und seine Taille ein *zunnār* (Ketzergürtel).[19]

Anspielungen auf Wein in Verbindung mit Jesus und den Christen kommen in allen Jahrhunderten in der persischen Poesie vor, ebenso wie der anmutige Christenknabe als geliebter Schenke in immer neuen Verbindungen in der Liebeslyrik erscheint. Zwei typische Beispiele: Rūmī (*Dīvān,* Zeile 931):

Jener Traubenwein gehört der Gemeinde Jesu,
dieser Mansuri-Wein gehört der Gemeinde Yāsīns,

19. Muḥammad ibn ʿOmar Rādūyānī: *Kitâb tarcuman al balaga,* ed. Ahmet Ates, Istanbul 1949, Seite 76. Für den Gebrauch christlicher Bilder siehe Annemarie Schimmel: *A Two-colored Brocade,* Chapel Hill 1989, Seite 79ff.; eine esoterische Erklärung solcher Bilder in Javad Nurbakhsh: *Jesus in den Augen der Sufis,* Seite 19ff. Uns etwas frivol erscheinende Bilder dieser Art sind häufig, so bei Rūmī: *Dīvān-i kabīr,* ed. B. Furuzanfar, 10 Bände, Teheran 1957–1981, Zeile 19633: »Ich wurde ohne Verstand und ohne Glauben // Mach uns von dieser moschusartigen [das heißt schwarzen und duftenden] Locke ein Kreuz!« Siehe auch zum Beispiel Saadi: *Kulliyāt,* Band III, Ghasel Nr. 246; sowie Sanāʾī: *Dīvān,* Seite 1008 (Ghasel); sowie ʿAttar: *Dīvān,* Seite 651: »Das Christenkind, das ich sah, hat einen Ketzergürtel umgelegt und hundert Lektionen des Wunders Jesu auswendig gelernt.«

das heißt, der Wein der Liebe, wie er von dem Märtyrermystiker Ḥallādsch, oft mit seines Vaters Namen »Manṣūr« genannt, getrunken wird, ist für die Gemeinde des Propheten Mohammed bestimmt, der hier mit einem seiner Ehrennamen »Yāsīn« (Sure 36:1) genannt wird.

Chāqānī (*Dīvān,* Seite 700) drückt es sehr elegant aus, wenn er den Morgentrunk beschreibt:

> Gib einen Pokal mit Morgentrunk, stark, denn der Morgen erscheint von Neuem:
> Ein Duft wie der [Leben spendende] Wein Jesu, eine Farbe wie die Tränen Marias [die vom Weinen blutig rot waren].

Die farbige Ikonostase der östlichen Kirchen aber konnte die Dichter dazu führen, die Welt mit ihren vielen farbigen Manifestationen hin und wieder als *dair* (Kloster) zu bezeichnen.

—

Natürlich spielten Jesus und Maria auch in der Überlieferung der islamischen Mystik und ihrer Praxis eine wichtige Rolle, wurde doch die Gestalt des Gottesliebenden Asketen Jesus seit frühester Zeit zu einem Ideal der Sufis. Hatten die großen Dichter Sanā'ī, 'Attar und Rūmī (um nur die wichtigsten zu nennen) Jesus als Muster für die Gläubigen in ihre Dichtungen eingefügt und immer wieder seine absolute Güte, seine Armut und sein Erbarmen betont, so wurde er in der praktischen Mystik zu einem der großen Führer. In einigen Sufi-Gruppen heißt es, der Sucher werde gegen Ende seines Pfades den »Jesus-Status« erreichen, denn nach mystischer Lehre durchschreitet der Sucher die Stationen der achtundzwanzig koranischen Propheten und erfährt deren Eigenheiten, und so erwirbt er auf der Station Jesu eben die geistigen und seelischen Qualitäten, die das koranische Jesusbild aufweist. In der Schule des Mystikers Nadschm ad-Dīn al-Kubrā (gestorben 1221 in Zentralasien) und vor allem im Werk seines Nachfolgers Simnānī ist die Station Jesu mit dem »schwarzen Licht« verbunden, das ist das *fanā'* oder, wie die deutschen mittelalterlichen Mystiker es nannten, »das Entwerden«, die völlige Entselbstung in Verwirrung, der dann die Erfahrung des »Smaragdberges« folgt: Das ist das »Mohammed-Licht«, oder die Erfahrung des *baqā',* »des Bleibens« in Gott, in dem der Mensch in der Welt lebt und doch nie mehr von Gott getrennt ist. Diese Erfahrungen sind von

Henry Corbin in seinem Werk *L'Homme de lumière dans le Soufisme Iranien* (deutscher Titel: »Die smaragdene Vision«) dargelegt worden; sie gelten, wenn auch in unterschiedlichen Formulierungen, auch für andere mystische Wege.

Hier muss man besonders auf zwei große Mystiker der islamischen Welt hinweisen: Der eine ist al-Ḥallādsch, der 922 grausam in Bagdad hingerichtet wurde und der, wie sein unermüdlicher Biograf und Interpret Louis Massignon meint, sein Leben dem Modell des koranischen Jesus nachgeformt hat. Sein Tod am Kreuz oder Galgen nimmt den vom Koran geleugneten Kreuzestod Christi auf, und in vielen späteren Gedichten, in denen von »Kreuzigung« die Rede ist, bezieht sich das Wort auf Ḥallādsch. Dass der Bagdader Märtyrermystiker christologische Begriffe wie *lāhūt* oder *nāsūt* (»Göttliche« oder »menschliche Natur«) verwendete, trug natürlich dazu bei, ihn als Kryptochristen zu bezeichnen, eine Theorie, die im neunzehnten Jahrhundert von europäischen Gelehrten wie August Müller aufgrund einer Bemerkung Bartholomé d'Herbelots (gestorben 1698) vertreten wurde.[20] Roger Arnaldez hat seine 1964 erschienene Studie sogar *Hallaj ou la religion de la croix* betitelt.

Der andere große mystische Denker, der seine Beziehung zu Jesus deutlich dargelegt hat, ist Ibn 'Arabī (1165–1240), der aus Andalusien stammende Mystiker oder besser Theosoph (im klassischen Sinn), der, wie aus seinem Werk deutlich wird, behauptete, auf dem mystischen Pfad von Jesus eingeweiht worden zu sein, und in ständiger geistiger Verbindung mit ihm stand (siehe unten Seite 99ff).

—

In der neuesten Zeit freilich verschiebt sich das Bild Jesu; und die auch früher schon bemerkbare Kritik am aktuellen Christentum wird infolge der Begegnung mit den europäischen Mächten verschärft.

20. Zu ihm vergleiche Louis Massignon: *La Passion d'al-Hosayn ibn Mansour al-Hallaj*, 2. Band, Paris 1922; erweiterte Ausgabe Paris 1975, englische Übersetzung durch Herbert Mason, Princeton 1985. Das gesamte Lebenswerk des französischen Gelehrten ist Ḥallādsch gewidmet, der für ihn das koranische Jesus-Bild verkörperte. Vergleiche auch Roger Arnaldez: *Hallaj ou la religion de la croix*, Paris 1964.

Zu Ḥallādsch vergleiche auch Annemarie Schimmel: *Ḥallādsch – »Oh Leute, rettet mich vor Gott«*, Xanten: Chalice Verlag, 2017.

Im Folgenden werden wir versuchen, einige der Hauptlinien in der klassischen und nachklassischen Zeit aufzuzeichnen – wenngleich nur ein winziger Bruchteil des überall verstreuten Materials zusammengestellt werden konnte. Wir werden dabei immer wieder auf die Verehrung stoßen, die die Muslime »dem Sohn Marias, der Geschöpfe Leuchte« entgegengebracht haben.

Jesus, der reine Wanderer

EINE DER ÜBERLIEFERUNGEN VOM PROPHETEN MOHAMMED, berichtet von Abū Huraira, die in den Standardwerken von al-Buchārī und Muslim [ibn al-Haddschādsch] als echt akzeptiert wurde, sagt:

> Satan berührt jedes Kind, das geboren wird, und wenn er es berührt, erhebt es seine Stimme und weint. Das geschah jedem Kind, außer Jesus und Maria. Lies Gottes Wort: »Ich will sie und ihre Nachkommen gegen jeden bösen Geist schützen.«

Jesus ist also ganz rein, unberührt vom Satan, unberührt auch von der Welt, und erkennt daher auch alles als rein.

> »Die schönste Pflanze ist die, deren Frucht wie Jesus, der Geist Gottes, ist.« So sagt ein arabischer Mystiker der Frühzeit und drückt damit die Bewunderung für den demütigen, reinen Sohn Marias aus.[21]

Eine der schönsten Geschichten, die auf seine Reinheit und Liebe hinweist, beruht auf einer alten Sufi-Legende, die bereits von Mālik ibn Dīnār (gestorben 740) erzählt wurde. Jesus ging an einem stinkenden Hundekadaver vorüber, und während seine Jünger sich die Nase zuhielten, deutete er auf die glänzend weißen Zähne des toten Tieres, die ihre eigene Schönheit ausstrahlten (vergleiche das Bild auf Seite 70). Der große Epiker Nezāmi (gestroben 1209) und sein etwas jüngerer Zeitgenosse 'Attar haben diese Geschichte

Jesus im Gespräch mit einem Frommen und mit einem Sünder. Persisches Manuskript (1497) im Stil des berühmten persischen Malers Behzād. Chester Beatty Library, Dublin

21. Baqli, Zitat aus Ibn 'Atā, in LOUIS MASSIGNON: *Receuil des textes inédits concernant l'histoire de la mystique musulmane,* Paris 1929, Seite 56.

poetisch ausgearbeitet. Die Version Nezāmis wurde Goethe durch Joseph von Hammers Übersetzung in der *Geschichte der schönen Redekünste Persiens* (Wien 1818) bekannt[22] und fand ihren Weg in die *Noten und Abhandlungen zum West-östlichen Diwan.* In ʿAttars *Musībatnāma* steht die Legende an besonders wichtiger Stelle; der Dichter, der die Erfahrungen des Suchers in der vierzigtägigen Klausur beschreibt, in der er alle Wesen nach dem Weg zu Gott befragt, erreicht in der sechsunddreißigsten Nacht Jesus, der ihm dann von seinem Meister als Inbegriff der Reinheit und Güte geschildert wird (siehe weiter unten Seite 97ff). Um das zu verdeutlichen, erzählt der Meister ihm:

> Ein toter Hund lag da am Wegesrand;
> der Tod ließ seine Zähne offen sehen.
> Von diesem Hund – welch scheußlicher Gestank!
> Als Jesus, Sohn Marias, nahekam,
> sprach er zum Freunde: »Sein ist auch der Hund:
> Sieh, wie so weiß die Zähne ihm im Mund!«
> Nichts Schlechtes sah, nicht den Gestank bemerkt' er;
> in all dem Schlechten sah er nur das Gute.[23]

Selbst ein unreines Tier, wie das Schwein, wird von Jesus freundlich gegrüßt und nicht beschimpft.

> Man erzählt, dass ein Schwein an Jesus vorbeilief. Da sagte er: »Geh in Frieden!« Man fragte: »Geist Gottes, so etwas sagst du zu einem Schwein?« Er antwortete: »Ich mag meine Zunge nicht an schlechte Ausdrücke gewöhnen.«[24]

Der Weg Jesu ist der Weg der Enthaltsamkeit, des Verzichts und der Ehelosigkeit, aber da der Islam die Ehe als *sunna,* als »Gewohnheit«, des Propheten ansieht und dem Zölibat keinen Wert zuschreibt, wird auch die Ehelosigkeit Jesu und der seinem Beispiel folgenden Mönche und Priester kritisiert. Eine uns vielleicht etwas merkwürdig anmutende Darstellung des Problems findet sich in

22. Joseph von Hammer: *Geschichte der schönen Redekünste Persiens,* Wien 1818, Seite 108.

23. Fariduddin ʿAttar: *Musībatnāma,* ed. N. Wisal, Teheran 1959, Kapitel 36, Anfang.

24. al-Ghazālī: *Iḥyāʾʿulūm ad-dīn,* Bulaq 1872, Band III, Seite 103.

Rūmīs Prosawerk *Fīhi mā Fīhi,* wo er in Kapitel 21 im Zusammenhang mit den Fragen der Ehe Folgendes schreibt:

> Der Weg Jesu war Einsamkeit und Kampf und seine Lust nicht zu befriedigen; der Weg Mohammeds ist, die Tyrannei und den Kummer von Männern und Frauen zu ertragen. Wenn du den mohammedanischen Weg nicht gehen kannst, so geh wenigstens den Weg Jesu, damit du nicht ganz ohne Anteil [am religiösen Leben und seinem Lohn] bist!

Für Rūmī schien es also schwerer, ein Eheleben »mit den Absurditäten der Weiber« zu führen und sich dabei durch Geduld zu läutern, als sich aller fleischlichen Versuchungen zu enthalten und unbefleckt wie Jesus zu bleiben.

Später aber warnt Schabestari:

> Gold und Frauen bringen nur Sorgen,
> Gib sie auf wie Jesus, der Sohn Marias.[25]

Unter den acht Eigenschaften der Propheten, die nach Dschunaids Meinung für den wahren Sufi notwendig sind, ist auch die Rolle als Pilger, in der Jesus sich so sehr von der Welt gelöst hatte, dass er nur einen Becher und einen Kamm behielt. »Den Becher warf er fort, als er sah, dass jemand aus der hohlen Hand trank, und den Kamm, als er sah, wie ein anderer seine Finger statt eines Kammes benutzte.«[26]

Nach al-Ghazālī ist dies der höchste Grad des Verzichtes. Denn Jesus ist der Pilger *par excellence,* und als Vorbild des Sufis wird Jesus auch als Träger der Kutte, des Flickenrocks, geschildert, der ein typisches Kennzeichen der Frommen war. Das reine Asketenideal, das Jesus verkörperte, ist auch in einem ihm zugeschriebenen Wort in Kāzarūnīs »Vita« ausgedrückt:

> Jesus sprach: »Mein Kleid ist Wolle, mein Brot Frucht, meine Speise Hunger, meine Kerze bei Nacht Mondschein, und zur Abwehr der Kälte [dient mir] die Sonne, und meine Früchte

25. Schabistari, *Gulschan-i raz,* zitiert in Nurbakhsh: *Jesus in den Augen der Sufis.*

26. 'Alī ibn 'Uthmān al-Jullābī al-Hujwīrī: *Kashf al-maḥjūb,* transl. R.A. Nicholson, London 1911 und oft, Seite 40.

und Duftkräuter sind das, was aus der Erde wächst für die Tiere. Tag und Nacht gehen so über mich hin; ich habe nichts an Kenntnissen, und niemand ist mächtiger als ich!«[27]

So berichtet auch Hudschwīrī:

> In einer echten Überlieferung wird erzählt, dass Jesus, der Sohn Marias, – Gott segne ihn! – einen Flickenrock trug, als er zum Himmel emporgehoben wurde.
>
> Ein Scheich sagte: »Ich träumte, ich sah ihn einen wollenen Flickenrock tragen, und jeder Flicken strahlte Licht aus. Ich fragte: ›Oh Christus, woher kommen diese Lichtflecken auf deinem Gewand?‹ Er antwortete: ›Die Lichter der Gnade, die beim Gezwungensein erscheint, denn ich nähte jeden dieser Flicken auf, wenn es notwendig war, und Gott der Erhabene hat jede Heimsuchung, die Er über mich kommen ließ, in Licht verwandelt.‹«[28]

Hierher gehört auch, dass Gott, wie der Sufi Nadschm ad-Dīn Rāzī berichtet, Jesus anredete:

> »Sei hungrig, damit du Mich siehst, und wähle die Abgeschiedenheit, damit Ich dir nahe bin.«

Als Asket wird Jesus zum Vorbild aller derer, die der Welt entsagen; so berichtet die Hilya als Ausspruch des großen Asketen Ḥasan al-Baṣrī (gestorben 728):

> Jesus trug härene Gewänder und aß von den Bäumen und brachte die Nacht dort zu, wo er abends gerade hinkam. Er hatte keinen Sohn, der sterben konnte, und kein Haus, das zerfallen konnte, und er bewahrte nichts für den nächsten Tag auf, denn er war sicher, dass Gott ihm seine Nahrung schicken würde.[29]

Oder, wie es in anderen Worten heißt:

27. Kāzarūnī: *Firdaus al-murschidiyya,* Seite 284.
28. Al-Hujwīrī: *Kashf al-maḥjūb,* Seite 50.
29. Abū Nu'aim al-Isfahānī: *Ḥilyat al-auliyā,* Band III, Seite 28.

> Er hob weder Speise vom Morgen für den Abend auf, noch abendliche Speise für den nächsten Tag, und sagte: »Jeder Tag bringt das als Nahrung Bestimmte.«

Ein solches asketisches Leben ist die Voraussetzung für die Erlangung himmlischen Lohns. So erzählt al-Ghazālī zweimal, dass Jesus seine Jünger zum asketischen Leben angespornt habe:

> »Oh ihr Jünger! Die Furcht vor Gott und die Hoffnung auf das Paradies führen dazu, dass man Mühsal geduldig erträgt und sich fern von dieser Welt hält. Wahrlich ich sage euch: Gerste zu essen und mit den Hunden auf dem Misthaufen zu schlafen, ist etwas Geringes, wenn man das Paradies sucht.«[30]

Erstaunlich ist bei diesen Aussprüchen, dass dem Paradies so viel Wert beigemessen ist, denn das Ideal des wahren Sufis ist ja doch, wie Rābiʿa von Basra (gestorben 801) betont hatte, Gott nur um Seiner selbst zu lieben, nicht aber aus Höllenfurcht oder Hoffnung aufs Paradies.[31]

Warum soll sich der Sucher um seine Nahrung kümmern? Die Geschichte von den »Vögeln unter dem Himmel« aus dem Evangelium wird ebenfalls von al-Ghazālī angeführt, freilich mit einer Zusatzbemerkung:

> Jesus sprach: »Schaut auf die Vögel! Sie säen nicht und sie ernten nicht. [...] Und wenn ihr sagt: ›Wir haben größere Mägen!‹, dann schaut auf das Weidevieh!«[32]

Gutes Benehmen und Selbstbeherrschung gehören ebenfalls zum asketischen Ideal: So überliefert al-Ghazālī auch das angebliche Jesuswort:

> Jesus sagte: »Wer viel lügt, dessen Schönheit schwindet, und wer mit den Menschen streitet, dessen Mannestugend fällt

30. Al-Ghazālī, zitiert in NURBAKHSH: *Jesus in den Augen der Sufis,* der sich auf die persische Übersetzung von dessen *Iḥyā'ʿulūm ad-dīn* stützt.

31. Zu dieser Gestalt siehe MARGARET SMITH: *Rābiʿa the Mystic and her fellow saints in Islam,* Cambridge 1928, mehrere Neuauflagen.

32. Al-Ghazālī, zitiert in NURBAKHSH: *Jesus in den Augen der Sufis.*

ab, und wer sich zu viel Sorgen macht, dessen Körper erkrankt, und wer sich schlecht benimmt, quält sich selbst.«[33]

Jesus ist der Wanderer,[34] der nicht hat, wohin er sein Haupt legen kann; wie es bei Matthäus 8.20 steht. Rūmī hat diese Geschichte in *Fīhi mā Fīhi* dramatisch ausgearbeitet, wobei er ein schönes Wortspiel zwischen *awā* (Schakal) und *ma'wā* (Zufluchtsort) benutzt. Ist es nicht viel wichtiger, einen Göttlichen Geliebten zu haben als ein gesichertes Haus und Heim?

Es wird berichtet, dass Jesus in der Wüste umherzog, als ein gewaltiger Regen losbrach. Er ging, um Zuflucht im Bau eines Schakals zu finden, in eine Ecke der Höhle. Als der Regen aufhörte, kam die Offenbarung zu ihm: »Verlass den Bau des Schakals, denn seine Welpen haben deinetwegen keine Ruhe!« Er schrie auf: »Herr, die Welpen des Schakals haben Zuflucht, aber der Sohn Marias hat keinen Zufluchtsort, keinen Platz, an dem er wohnen könnte!«

Maulānā sagte: »Wenn die Welpen des Schakals auch ein Heim haben, so haben sie doch nicht einen solchen Geliebten, der sie aus dem Hause treiben würde. [...] Die Huld eines solchen Vertreibenden und ein feines Ehrenkleid, das nicht für jede Gestalt passt, zeigt Er dir ganz speziell und macht das Ortlose zu deinem Ort und führt dich zum Kreise Seiner ganz Vertrauten.«[35]

Schon in der Hilya wird auf Jesu Heimatlosigkeit Bezug genommen, wenngleich der Schluss hier ziemlich überraschend ist:

Als Jesus irgendwo in Syrien umherzog, begann es heftig zu regnen, zu blitzen und zu donnern. So begann er zu suchen, wo er Schutz finden könne. Da sah er von fern ein Zelt aufragen und ging hin, aber da war eine Frau darin, und er wandte sich ab. Dann kam er zu einer Höhle am Berg, doch als er hinkam, war es die Höhle eines Löwen, und er legte

33. AL-GHAZĀLĪ: *Iḥyā' 'ulūm ad-dīn,* Band III, Seite 101.

34. So auch KĀZARŪNĪ: *Firdaus al-murschidiyya,* Seite 283.

35. DSCHALĀL AD-DĪN RŪMĪ: *Fīhi mā Fīhi,* Teheran nach 1960; zitiert nach der deutschen Übersetzung von Annemarie Schimmel: *Von Allem und vom Einen,* 1968, Kapitel 11, Seite 103.

seine Hände darauf und sprach: »Mein Gott, Du hast allen einen Zufluchtsort bereitet, nur mir nicht!« Da antwortete ihm der Hocherhabene: »Dein Zufluchtsort ist bei Mir, im Ruheplatz Meiner Barmherzigkeit. Am Tage der Auferstehung werde Ich dich mit hundert Huris vermählen, die Ich eigenhändig geschaffen habe, und bei deiner Hochzeit werde Ich Speise geben für viertausend Jahre, deren jeder Tag so lang ist wie das Leben der ganzen Welt, und Ich werde einem Herold befehlen zu rufen: ›Wo sind die Asketen aus der niederen Welt? Kommt zur Hochzeit des Asketen Jesus, des Sohnes Marias.‹«[36]

Es scheint, dass der Erzähler hier gewisse Erinnerungen an die »Hochzeit des Lammes« in vergröberter Form eingeführt hat, um die Belohnung für Jesu Askese ganz deutlich zu machen; dass ein Asket mit besonders großen himmlischen Freuden belohnt wird, ist ein in der frühen arabischen Literatur häufig vorkommendes Thema.

Eine andere Legende über Jesu Heimatlosigkeit, die sich – auf al-Makkis *Qūt al-qulūb* beruhend – mehrfach bei al-Ghazālī findet, ist von den beiden großen persischen Dichtern Sanā'ī und 'Attar ausgearbeitet worden: Schon der halbe Ziegelstein, den sich der vom Wandern ermüdete Jesus unter den Kopf legte, ist Teil der »Welt« und daher Eigentum Satans. In Sanā'īs *Ḥadīqat al-ḥaqīqat* heißt es:

Ich las, dass Jesus, Gottes reiner Geist,
zur Nacht ganz plötzlich in die Wüste ging.
Nach einem Stündchen wurde schläfrig er;
so eilte er zu einem Ruheplatz.
Sein Kissen war ein weggeworf'ner Stein;
er tat nichts mehr und schlummerte bald ein.
Ein Weilchen schlief er, wurde plötzlich wach
und sah Iblīs [den Teufel] ganz unerwartet nah.
»Verworf'ner du, verfluchter Hund!«, sprach er.
»Aus welchem Grund willst du mich behexen?
Wo Jesu unbescholt'ne Reinheit weilt,
wie kann dir solch ein Ort zur Zuflucht werden?«

36. Abū Nu'aim al-Isfahānī: *Ḥilyat al-auliyā*, Band X, Seite 108.

Der sprach: »Du hast mir Ärger zugefügt,
hast über mein Schloss frevelhaft verfügt!
Warum machst du mir Umstand denn und Mühe?
Warum wirkst du in meinem Schlosse weiter?
Das Reich der Welt, es ist ja ganz mein Reich,
's ist nicht dein Platz! Mein ist der Ort, das Reich!«
Er fragte: »Wie hab ich dich denn geärgert?
Und sag' mir, wann strebt' ich nach deinem Gut?«
Er sprach: »Ist dieser Stein, dein Kissen hier,
den du dir nahmst, nicht von der Welt, von mir?«
Sofort warf Jesus diesen Stein weit fort,
und Iblīs schmolz hinweg von diesem Ort
und sprach: »Du bist gerettet, ich vertrieben;
hast beide aus der Fessel du befreit.
Jetzt hab' ich weiter nichts mit dir zu schaffen.
Geh fort, und überlass mein Reich nur mir!«[37]

In 'Attars *Musībatnāma* wird diese Geschichte kürzer und knapper berichtet:

Jesus, Marias Sohn, legt' sich zum Schlafen,
nahm einen halben Ziegelstein als Kissen;
doch als die Augen aufschlug er vom Schlummer,
sah er Iblīs, den Bösen, voller Kummer.
Er sprach: »Verfluchter, warum stehst du hier?«
Der sprach: »Du legtest einen Ziegel untern Kopf!
Da mir die ganze Welt zu Lehen ist,
gehört mir dieser Ziegel, das ist klar.
Weil du dir etwas nimmst aus meinem Reich,
hast du dich auch in meinem Strick verfangen.«
Und Jesus nahm den Stein und warf ihn fort
und legt' den Kopf zum Schlafen auf die Erde.
Als er den halben Ziegel ließ, sprach Satan:
»Jetzt geh' ich fort. Du schlafe nun in Ruhe!«[38]

Konnte aber Satan wirklich Jesus schaden? Die Sufis haben die Geschichte der Versuchung Jesu hin und wieder aufgegriffen, um

37. Sanā'ī: *Ḥadīqat al-ḥaqīqat,* Seite 391.
38. 'Attar: *Musībatnāma,* Kapitel 16, Nr. 7.

Jesu Größe zu betonen. Der Schiraser Mystiker Ruzbihan-i Baqli erzählt in seinem *Sharh ash-shathiyāt,* den »Paradoxen der Sufis«:

> In den Geschichten der Propheten habe ich gelesen, dass Iblīs vor dem Pass von Massisa einen finsteren Damm vor Jesus machte, damit dieser weder hinaufgehen noch herunterkommen konnte. Er sagte: »Oh Jesus, deine Angelegenheit ist so weit gekommen, dass du der Gott auf Erden bist, und Er ist der Gott im Himmel.«
>
> Jesus sagte: »Gott ist einer, und ich bin Sein Diener.«
>
> Aber er insistierte so lange, dass Jesus ganz verwirrt wurde. Er rief zu Gott – Erhaben ist Er! – und Gabriel kam, ergriff den Verfluchten und schleuderte ihn an die Sonnenscheibe. Gleich darauf kam er zurück und sagte: »Oh Jesus, deine Angelegenheit ist so weit gekommen, dass Gott die Toten belebt und du die Toten belebst; Er ist der Gott des Himmels und du bist der Gott der Erde.«
>
> Jesus zitterte und sagte: »Ich bin Sein Diener und der Sohn der Jungfrau.« Er erbat von Gott, dass Er ihn befreie.
>
> Michael ergriff den Verfluchten und schleuderte ihn gegen die Sonnenscheibe. Sofort kam er zurück und sagte: »Oh Jesus, du bist der Schöpfer der Erde, und Er ist der Gott des Himmels.«
>
> Jesus geriet in Furcht, schrie auf und sagte: »Ich bin Sein Diener, und Er ist von solchen Zeichen frei und rein!«
>
> Nun kamen [die Erzengel] Isrāfīl und ʿAzrāʾīl beide und ergriffen jenen Verfluchten. Auch dreihunderttausend Engel kamen zu Hilfe und fesselten ihn in einem Brunnen im Maghreb und hielten ihn dort gefangen, bis Jesus mit seinem Gebet fertig war.
>
> Nach einigen Tagen sah er ihn wieder, und er sagte: »Oh Jesus, wenn sie mich nicht in den Brunnen im Maghreb geworfen und gefesselt und dreihunderttausend Engel mit meiner Bewachung betraut hätten, hätte ich mit dir gemacht, was ich mit deinem Vater Adam gemacht habe, das heißt, ich hätte dich verführt, sodass du dir Göttlichkeit angemaßt hättest.«[39]

39. Baqli: *Sharh ash-shathiyāt,* Seite 520f, von Ḥallādsch überliefert.

Hier wird die koranische Aussage, dass Jesus sich nur als Diener Gottes fühlte und keine Göttlichkeit beanspruchte, in dramatischer Weise ausgearbeitet, und auch die ungeheure Macht des Satans ganz deutlich gezeigt. Andere Legenden kennen ebenfalls den Versuch Satans, Jesus zu verführen. Ibn 'Arabī schreibt:

> Iblīs kam in Gestalt eines alten Mannes zu Jesus, äußerlich schön.
>
> Er sagte zu Jesus: »Oh Jesus, sage: ›Es gibt keine Gottheit außer Gott!‹« Und er würde damit zufrieden sein, dass Jesus seinem Befehl wenigstens so weit gehorchen würde [dass er das sagte]. Jesus aber antwortete: »Ich werde das sagen, aber nicht aufgrund deiner Worte! Es gibt keine Gottheit außer Gott!« Und Iblīs ging geschlagen von dannen.[40]

Eine schon in der Hilya erzählte Geschichte erscheint auch in Dschāmis (gestorben 1492) Werk; der Teufel erschien einem Asketen und gab sich als Jesus aus, wurde aber von dem Frommen erkannt und davongejagt.[41]

Warum sollte Jesus, der Asket, sich ein Haus bauen, wenn schon ein halber Ziegelstein ihm als Satans Besitz erschien? Selbst im Schatten einer Hausmauer zu sitzen, war ihm nicht verstattet; als er sich einmal im Schatten der Mauer eines Hauses hinsetzte, verjagte ihn der Hauseigentümer. Jesus sagte zu ihm:

> »Nicht du brachtest mich dazu aufzustehen, sondern Er, Der nicht will, dass ich den Schatten einer Mauer genieße!«

Alles in der Welt ist vergänglich und nur Gott ist der Eine, Schöpfer und Herr! Deshalb schreibt die Tradition Jesus ein Wort zu, das auf diesen transitorischen Charakter der Welt hinweist:

> »Die Welt ist eine Brücke; geht über sie, aber baut kein Haus darauf.«[42]

40. William Chittick: *The Sufi Path of Knowledge,* Albany 1989, Seite 194.
41. Abū Nu'aim al-Isfahānī: *Ḥilyat al-auliyā,* Band IV, Seite 44; danach Dschāmi in *Haft Aurang,* ed. Aqa Murteza – Mudarris Gilani, Teheran s.d.
42. al-Ghazālī: *Iḥyā''ulūm ad-dīn,* Band IV, Seite 195.
43. 'Attar: *Musībatnāma,* Kapitel 36, Nr. 14.
44. Rūmī: *Dīvān,* Zeile 206 134.
45. Rūmī: *Dīvān,* Zeile 18 388.

Dieser Satz ist eingemeißelt im gewaltigen Eingangstor der Festungsstadt Fatehpur Sikri, die der Mogulkaiser Akbar 1569 bis 1574 nicht fern von seiner damaligen Residenz Agra erbauen ließ. So wählte einer der mächtigsten Herrscher in der Geschichte Indiens dieses Wort, das die Vorübergehenden immer an den flüchtigen Charakter aller weltlichen Güter mahnen sollte; es wurde für ihn von einem der führenden Kalligrafen Indiens, dem Historiker und Diplomaten Mīr Maʿsūm Nami, in feinster Kalligrafie ausgeführt.

Ja, warum sollte man ein Haus bauen?

> Es fragte einer Jesus: »Du, dess' Statt
> die Sonne strahlend zum Gefährten hat,
> warum baust du kein Haus, das dich beglückt?«
> Er sagte: »Nun, ich bin doch nicht verrückt!
> Was mir nicht bleibt in alle Ewigkeit –
> hätt' mir gefallen, was in Raum und Zeit?«[43]

Eine hübsche Anekdote, von al-Ghazālī nach dem *Qūt al-qulūb* überliefert, überspitzt denselben Punkt:

> Man sagte zu Jesus: »Prophet Gottes, befiehl uns doch,
> ein Haus zu bauen, in dem wir Gott verehren können!«
> Er sprach: »Geht und baut ein Haus auf dem Wasser!«
> Sie sagten: »Wie könnte ein Bauwerk auf Wasser stehen?«
> Und er erwiderte: »Und wie soll Gottesverehrung neben
> der Liebe zum Jenseits stehen können?«

Wenn der Mensch wie Jesus geworden, das heißt ganz vergeistigt, ist, dann bedarf er auch keines Hauses mehr, mahnt Rūmī:

> Werde du ein Jesus, und hast du kein Haus, so lass' es![44]

Manchmal ist eine solche Bemerkung auch mit dem Gedanken verbunden, dass Jesus im vierten Himmel lebt (siehe weiter unten Seite 90ff).

> Ich bin nicht an ein Haus gebunden, denn wie Jesus
> ist mein Wohnort im vierten Himmel.[45]

Jesus mit der Bibel unter dem Arm. Rosenkranz der Weltgeschichte – Genealogie der Osmanen, *gemalt von Hüseyn al-Istānbūlī in Istanbul um 1683. Handschriftensammlung der Österreichischen Nationalbibliothek, Wien*

Jesus, der Leuchtende, der Gütige

OFTMALS WIRD DAS »LÄCHELN JESU« VON DEN DICHTERN erwähnt. Rūmī hat ihn mehrfach seinem Vetter, Johannes dem Täufer, gegenübergestellt, der immer in Gottesfurcht zitterte:

> Das Lächeln kam aus Vertrauen, das Stirnrunzeln kam aus Furcht![46]

Besonders deutlich wird dieser Gegensatz in einer Geschichte in *Fīhi mā Fīhi* erklärt, wo es heißt:

> Jesus lachte viel, und Johannes weinte viel. Und sie waren Vettern. Johannes sagte zu Jesus: »Du bist wohl ganz sicher gegen die feinen Tricks Gottes, dass du so viel lachst?«
>
> Jesus antwortete: »Du übersiehst wohl ganz die subtilen und wundervollen Gnaden Gottes, dass du so viel weinst?«
>
> Einer von Gottes Freunden war anwesend. Er fragte Gott, welcher der beiden den höheren Rang habe. Gott antwortete: »Derjenige, der besser von Mir denkt.«[47]

Anspielungen auf Jesu »zuckergleiches Lächeln« finden sich besonders in Rūmīs Versen; er ermahnt seine Hörer, sie sollten von Jesus lernen, wie man über Gram und Sorgen, die von den Gelüsten, von Mann und Weib, erzeugt sind, lachen soll;[48] es ist wichtig, sie nicht ernst zu nehmen. Rūmī selbst identifizierte sich auch mit dem »schön lachenden« Jesus,[49] ja, er stellt sich in gewisser Weise noch über ihn, da er sich nicht auf Maria, sondern allein auf Gott bezieht.

Man muss dabei aber auch verstehen, dass alle Propheten nicht nur auf Mohammed hinweisen, sondern auch ihre guten Eigenschaften, ihre Schönheit von ihm, dem Erstgeschaffenen in der Welt, erhalten. Deshalb kann Dschāmi sagen, wenn er Mohammed preist:

46. Rūmī: *Dīvān,* Zeile 12886.
47. Rūmī: *Fīhi mā Fīhi,* Seite 113.
48. Rūmī: *Dīvān,* Zeile 21020.
49. Rūmī: *Dīvān,* Zeile 15099.

> Sein Lachen hauchte der Welt eine Seele ein;
> Der Rang des »Belebens« erreicht [auf diese Weise durch ihn] den Messias.[50]

Zusammen mit dem liebevollen Lächeln Jesu geht seine Demut. Ist es nicht so, dass, wie Jesus in einem oft zitierten Wort sagt, Weisheit aus einem Herzen erwächst, das dem Staub gleicht, aus dem ja die Pflanzen wachsen?[51] Dürfte man sich über andere erheben, etwas tun, was man selbst nicht tun will? Quschairī berichtet im Kapitel über die »Scham« oder »Scheu«:

> Gott gab Jesus ein: »Ermahne dich selbst, und wenn du dir die Ermahnung zu Herzen genommen hast, dann ermahne die Menschen. Anderenfalls aber schäme dich vor Mir, die Menschen zu ermahnen!«[52]

Besonders schön ist das Ideal des echten Gottesfreundes von Kāzarūnī beschrieben, der erzählt, Gott habe Jesus angeredet:

> »Wenn du im Paradies mit den Engeln fliegen möchtest, so sei wie die Eule (*ḥāma*) unter den Vögeln (und *ḥāma* ist ein Vöglein, das besonders vorsichtig ist); sei den Menschen gegenüber in Demut und Bescheidenheit wie die Erde unter ihren Füßen, und in Güte und Großmut sei mit den Menschen wie fließendes Wasser, und in Milde sei unter den Leuten wie die Sonne«; das heißt, enthalte deine Milde weder den Edlen noch den Niederen vor – wie die Sonne niemandem ihre Milde vorenthält.[53]

Demut und Gottesliebe als eigentliches Zentrum des menschlichen Lebens, durch das der Sucher zu Gott geführt wird, werden auch aus der folgenden Geschichte deutlich, die al-Ghazālī im Anfang seines großen Kapitels über die Liebe erzählt:

> Jesus ging einst an drei Männern vorüber, die ganz abgemagert waren und deren Farbe sich geändert hatte [das heißt,

50. Dschāmi: *Haft Aurang,* Seite 377.
51. al-Ghazālī: *Iḥyā'ʿulūm ad-dīn,* Band IV, Seite 306.
52. Quschairī: *Risāla fi't-taṣawwuf,* Kapitel *Hayā* (Scham, Scheu).
53. Kāzarūnī: *Firdaus al-murschidiyya,* Seite 219.

die ganz erbleicht waren]. Er sagte zu ihnen: »Wie seid ihr so geworden, wie ich euch sehe?« Sie sprachen: »Furcht vor dem Höllenfeuer ist der Grund.« Er sprach: »Gott wird bestimmt den Fürchtenden Sicherheit geben.«

Dann traf er drei Männer, die noch magerer und bleicher waren, und fragte sie: »Was hat euch in diesen Zustand gebracht?« Sie sagten: »Sehnsucht nach dem Paradies.« Er sprach: »Es obliegt Gott, euch das zu geben, worauf ihr hofft.«

Und schließlich ging er bei dreien vorüber, die noch magerer waren als die anderen und deren Gesichter wie Spiegel von Licht waren. Auf seine Frage: »Was hat euch in diesen Zustand gebracht?«, antworteten sie: »Wir lieben Gott!« Und er sprach: »Ihr seid die Nahegebrachten, ihr seid die Nahegebrachten, ihr seid die Nahegebrachten.«[54]

Zu diesem Vertrauen auf Gottes Güte gehört auch, dass Jesus immer wieder als derjenige erscheint, der auf das Gute blickt und dem reuigen Sünder verzeiht. Genau wie er nur die leuchtend weißen Zähne des toten Hundes gesehen hatte, so schaute er auch auf das Herz der Menschen und wertete den Sünder, der sich seiner Schuld und Schwäche bewusst war, höher als den zwar reinen und ehrenwerten, aber hochmütigen Frommen. Die Hilya überliefert zwei seiner darauf hinweisenden Aussprüche:

Jesus sagte: »Redet nicht viel, ohne Gott zu erwähnen, sonst verhärten sich eure Herzen, denn das harte Herz ist fern von Gott, aber ihr wisst das nicht!

Und blickt nicht auf die Sünden der Menschen, als wäret ihr Herren, sondern blickt auf sie, als wäret ihr Diener. Denn es gibt zwei Arten von Menschen, heimgesuchte und gesunde. Erbarmt euch der Heimgesuchten und lobt Gott für das Wohlbefinden.«[55]

Auch seine Jünger ermahnte Jesus, wie Kāzarūnī erzählt:

Wie viele Kerzen, die der Wind ausgelöscht, und wie viele Gottesdiener, die ihr Stolz und Hochmut zunichte gemacht hat![56]

54. AL-GHAZĀLĪ: *Iḥyā' 'ulūm ad-dīn.*
55. ABŪ NU'AIM AL-ISFAHĀNĪ: *Ḥilyat al-auliyā,* Band VI, Seite 328.
56. KĀZARŪNĪ: *Firdaus al-murschidiyya,* Seite 219.

Darauf baut sich eine Legende auf, die wiederum in der Hilya ausführlich erzählt wird:

> Wir hörten, dass Jesus und einer von den Kindern Israel, einer seiner Jünger, an einem Räuber vorbeikamen, der in seiner Festung war. Als der Räuber die beiden sah, warf Gott Reue in sein Herz, und er sagte zu sich: »Das ist Jesus, der Sohn Marias, Gottes Geist und Sein Wort, und das ist jemand von seinen Jüngern – und wer bist du Elender? Ein Räuber von den Kindern Israel, der Wegelagerei getrieben und den Leuten ihr Hab und Gut fortgenommen und Blut vergossen hat!« Dann eilte er, voll Reue und seine Lage bedauernd, zu ihnen hinunter. Als er sie erreichte, sagte er zu sich: »Du willst mit den beiden gehen? Dessen bist du nicht würdig, geh hinter ihnen, wie es sich für einen so elenden Schuft wie dich gehört!«
>
> Da wandte sich der Jünger zu ihm um, erkannte ihn und sagte zu sich: »Sieh mal diesen elenden Kerl an, wie er hinter uns herläuft!« Gott aber merkte, was in den beiden vorging. Reue und Bedauern bei dem einen, und Verachtung bei dem Jünger, der sich besser dünkte als jener.
>
> So offenbarte Gott der Erhabene Jesus: »Der Jünger und der Räuber sollen ihren Weg neu beginnen! Dem Räuber habe Ich vergeben, weil er Reue und Bedauern gezeigt hat, aber das Werk des Jüngers ist zunichte geworden, weil er so selbstgefällig war und diesen Reuevollen verachtet hat!«[57]

Die Legende findet sich in verschiedenen Versionen in den klassischen Sufi-Werken, wie in al-Ghazālīs »Wiederbelebung«. Sie hat wahrscheinlich die Erzählung in dem *Būstān,* »Garten«, des großen persischen Dichters Saadi (gestorben 1292) angeregt, in der er von der Gefahr des Hochmuts spricht. Sie ist von den Malern Irans und Mogul-Indiens auch illustriert worden (vergleiche das Bild auf Seite 28) und lautet in Rückerts Übertragung wie folgt:

> Die Überlieferer des heil'gen Wortes sagen,
> dass (Friede sei mit ihm!) vordem in Jesu Tagen
> gelebt ein Mann, von dem das Leben war verloren,

57. Abū Nu'aim al-Isfahānī: *Ḥilyat al-auliyā,* Band VIII, Seite 147.

weil er im Pfade ging der Irren und der Toren:
ein Frecher, ein schwarz angeschrieb'ner, herzenshart,
von dess' Unsauberkeit beschämt selbst Iblīs ward.
Er hatte seine Tag' unnütz in Wind gestreut,
in seinem Leben nie ein Menschenherz erfreut.
Sein Kopf leer von Vernunft, und voll von Einbildungen,
sein Bauch von Bissen feist, die frevelnd er verschlungen;
von Unrechtfertigkeit war ihm der Saum beschmutzt,
und seiner Sünden Schmutz den Sein'gen angespritzt.
Ihm fehlt' ein Fuß, um grad wie Sehende zu geh'n,
ein Ohr, um guten Rat wie Menschen zu versteh'n.
Die Leute floh'n vor ihm als wie vor bösen Zeiten
einander zeigend wie den Neumond ihn von Weiten.
Sein Speicher ward verzehrt von Lohen seiner Lust,
und guten Namens war kein Körnchen unterm Wust.
So weit sein Schwelgen trieb er, der sich schwarz anschrieb,
dass schön in seinem Buch kein Raum zu schreiben blieb;
ein Diener seiner Lüst', in Geistesschlaf versunken,
am Tag und in der Nacht im Taumel und betrunken.
Ich hörte nun, dass aus der Wüste Jesus kam,
an eines Beters Schrein den Weg vorüber nahm.

Da stieg der Eremit hernieder aus der Zelle
und fiel zu Boden ihm, den Kopf gesenkt zur Schwelle.
Von Weitem aber stand der glückverlass'ne Sünder,
geblendet wie vom Licht ein Schmetterling, nicht minder.
Sehnsüchtig sah er drein mit der Beschämung Zeichen,
als wie ein Bettler auf die Hand sieht einem Reichen.
Vergebung rief er an mit leiser Herzensklage
für die in Geistesschlaf verbrachten Nächt' und Tage.
Des Kummers Träne rann vom Aug' ihm wie ein Bach:
»In Geistesschlafe ging dahin mein Leben, ach!
Des Lebens bares Geld hab' ich geworfen hin,
und mir zu Händen kam des Guten kein Gewinn.
Oh möchte so wie ich das Leben keiner haben,
der so viel besser, als am Leben, ist begraben.
Geborgen ist, wer in der Zeit der Kindheit starb,
dass er mit greisem Haupt Beschämung nicht erwarb.
Der Du erschufst die Welt, die Sünde von mir nimm!
Denn wenn sie bei mir bleibt, ist die Gesellschaft schlimm.«

So betet' er, das Haupt beschämungsvoll gesenkt,
die Wange von der Flut sehnsücht'ger Reu' getränkt.
Indes wehklagend hier der alte Sünder stand:
»Hilfreicher Hort der Welt; oh reiche mir die Hand!«,
erhob der Fromme dort sein Haupt voll Selbstvertrauen
und wies dem Bösewicht von weitem herbe Brauen:
»Was hat den Taugenichts gebracht auf unsre Spur?
Der Unglückselige, was will bei uns er nur?
Der über Hals und Kopf gestürzt ist in das Feuer,
und der dem Wind der Lust preisgab des Lebens Scheuer:
Was hat Verdienstliches seine befleckte Seele,
dass er zum Umgang mich und den Messias wähle?
Dass die Beläst'gung er von hinnen nehme nur
und zu der Hölle fahr' auf seiner Werke Spur!
In Unmut macht mich sein unholder Anblick wallen;
ich fürchte, dass auf mich sein Feuer könne fallen.
Wo die Erstandenen zu der Versammlung geh'n,
lass mich nicht dort, oh Gott, mit diesem auferstehn!«

In dieser Stunde kam vom Herrn der Majestät
Eröffnung Jesu zu (ihm sei Preis und Gebet):
»Wenn der ein Weiser hier, und der dort ist ein Tor,
dem Anruf beider will Ich nicht entzieh'n das Ohr.
Der, dem des Lebens Tag in der Verkehrtheit schwand,
geschrien hat er zu Mir aus Herzens Weh und Brand.
Wer aber zu Mir kommt hilflos in seiner Schuld,
will Ich nicht werfen von der Schwelle Meiner Huld.
Erlassen sei ihm, was in Werken er verstieß,
durch Meine Gnade nehm' Ich ihn ins Paradies.
Und wenn der fromme Mann desselben sich will schämen,
im ewigen Palast den Sitz bei ihm zu nehmen,
wohlan, dass seiner Ehr' es keinen Eintrag tut.
Zum Garten bringen soll man jenen, ihn zur Glut.
Denn dieser stützte sich auf seine Frömmigkeit,
indessen jenem war das Herz voll blut'gem Leid.
Nicht wusst' er, dass vorm Thron des allgnügsamen Reichen
Hilflosigkeit mehr gilt als stolzer Selbstsucht Zeichen.[58]

58. FRIEDRICH RÜCKERT: *Saadi's Bostan,* übersetzt von Friedrich Rückert, herausgegeben von Wilhelm Pertsch, Leipzig, 1872.

Denn, wie ein angeblicher Ausspruch Jesu, überliefert von Aḥmad Ghazālī (gestorben 1126), sagt:

»Eine Träne, die von einem Sünder vergossen wird, löscht das Feuer von Gottes Zorn.«[59]

Jesus und die Welt

BEI ALL SEINER LIEBE UND SEINEM UNWANDELBAREN GOTTvertrauen war sich Jesus doch bewusst, dass Gottes Zorn furchtbar sein kann, und so heißt es im *Masnawī* Rūmīs (wie übrigens auch in *Fīhi mā Fīhi*):

Ein kluger Mann hob an, Jesus zu fragen:
»Was ist am schwersten in der Welt zu tragen?«
Er sagte: »Gottes Zorn! Die Hölle bebt
vor ihm, so wie auch jeder, der da lebt.«
»Und was kann vor dem Gotteszorn mich schützen?«
»Beherrsch' den eig'nen Zorn – das wird dir nützen!«[60]

Aber, so weiß die Hilya auf der Basis des Evangeliums: Als Jesus die Händler im Tempel zu Jerusalem sah, zerriss er seine Kleider und rief:

»Oh ihr Söhne von Schlangen und Ottern – habt ihr die Stätten, wo Gott angebetet wird, zu Märkten gemacht?«[61]

Die Welt und, was in ihr ist, lässt Jesus, den idealen Asketen, immer wieder die Armut preisen.

»Ich liebe die Armut und hasse das Wohlleben«,[62]

59. Zitiert in NURBAKHSH: *Jesus in den Augen der Sufis,* Seite 67.
60. RŪMĪ: *Masnawī,* Band IV, Vers 115–117.
61. ABŪ NU'AIM AL-ISFAHĀNĪ: *Ḥilyat al-auliyā,* Band II, Seite 128.
62. AL-GHAZĀLĪ: *Iḥyā''ulūm ad-dīn,* Band IV, Seite 170.

sagte er, wie al-Ghazālī schreibt, und das Wort des Evangeliums vom Reichen, der nicht ins Himmelreich kommt, findet sich in verschiedenen Varianten in der islamischen Literatur. So heißt es in der Hilya:

> Jesus sagte zu einem seiner Gefährten, der reich war: »Gib dein Vermögen als Almosen.« Aber dem war dieser Gedanke zuwider. Da sprach Jesus: »Ein Reicher kommt nicht ins Himmelreich.«[63]

Im *Qūt al-qulūb* lautet die Geschichte:

> Ein Mann sagte zu Jesus: »Nimm mich mit dir auf deine Wanderungen.«
>
> Er erwiderte: »Gib weg, was du besitzest und schließe dich mir an.«
>
> Der Mann sagte: »Das kann ich nicht.«
>
> Da sprach Jesus: »Nur schwer kommt ein Reicher ins Paradies.« Oder er sprach: »Nur durch ein Wunder (kommt der Reiche ins Paradies).«

Besitz war ihm eine Gefährdung des Glaubens, wie al-Makki im *Qūt al-qulūb* erzählt:

> Jesus sagte: »Ich liebe die Armut und hasse den Besitz beim Reichen, denn im Besitz steckt mancherlei Krankheit.«
>
> Man fragte ihn: »Geist Gottes – selbst wenn er ihn aus erlaubten Werken erworben hat?«
>
> Er antwortete: »Sein Erwerb lenkt ihn vom Gottgedenken ab.«

Bei al-Ghazālī heißt es dann auch, dass Jesus seine Jünger mahnte:

> »Schaut nicht auf die Besitztümer der Weltmenschen; denn der Glanz ihrer Besitztümer raubt das Licht eures Glaubens.«[64]

63. Abū Nuʿaim al-Isfahānī: *Ḥilyat al-auliyā*, Band II, Seite 169 (»Schwer kommt ein Reicher ins Himmelreich«).

64. Ibid. Seite 175.

Die großen Dichter wie ʿAttar und Rūmī wussten daher, dass Jesus den Propheten Mohammed während seiner nächtlichen Himmelsreise das Geheimnis vollkommener Armut lehrte.

Aber bei aller Aversion gegen »die Welt« wollte Jesus sie doch zumindest einmal sehen:

Der reine Jesus, für die Welt zu hoch,
begehrte doch, einmal »die Welt« zu sehen.
Nun ging er eines Tages ganz im Licht,
als er von fern ein altes Weib erblickte.
Weiß war ihr Haar, ihr Rücken ganz gebeugt,
und alle Zähne waren ausgefallen;
zwei blaue Augen, ein Gesicht wie Teer,
und schmutziger Gestank rings um sie her,
Sie trug ein hundertfarbiges Gewand
und hatt' ein Herz voll Hass, die Taille krumm,
mit hundert Farben eine Hand bemalt,
mit Blut besudelt doch die andre Hand.
An jedem Haar ein Adlerschnabel hing;
ein Schleier über ihr Gesicht gezogen.
Als Jesus sie erblickte, sprach er: »Weib,
sag an, wer bist du, hässlich Stolze du?«
Sie sagte: »Da du so rechtschaffen bist;
Ich bin, die zu sehen du begehrt.«
Und Jesus sprach: »Du bist die nied're Welt?«
Sie sagte: »Ja, ich bin's – und was machst du?«
Sprach Jesus: »Da du so verschleiert bist,
warum hast du dein Kleid denn bunt gemacht?«
Sie sprach: »Ich trage diesen Schleier nur,
damit kein Mensch mich offen sehen kann;
denn säh'n die Menschen deutlich mein Gesicht,
nicht einer setzte sich dann neben mich!
Doch wenn sie nur mein buntes Kleid erblicken,
sucht unwillkürlich jeder meine Liebe!«
Da sagte Jesus: »Hort der Hässlichkeit,
warum ist eine Hand mit Blut besudelt?«
Gab Antwort sie: »Oh Meister ohnegleichen,
's kommt von den Gatten, die ich umgebracht.«
Und jener sprach: »Nun, trunk'nes Weib, sag an:
Weshalb trägst du denn Farbe an der Hand?«

Sie sprach: »Wenn einen Gatten ich verführe,
brauch' ich viel Farbe, um mich schön zu zieren.«
Und Jesus fragte: »Wenn du so viel tötest,
hast niemals Mitgefühl du denn mit allen?«
Da sagte sie: »Wie könnt ich Mitleid kennen?
Ich weiß nur, wie ich aller Blut vergieße!«
Da sagte Jesus: »Wie wär's denn, Verwirrte,
wenn du doch etwas Mitleid ihnen zeigtest?«
»Von Mitleid hab' ich schon mal was gehört,
doch habe niemals Mitleid ich empfunden.
Ich bin doch überall hier in der Welt,
damit die Welt in meine Schlinge fällt.
Ich bin's, die jedem an die Kehle geht,
und lehre meine Jünger meisterlich!«
Da wunderte sich Jesus, und er sprach:
»Ich hab' es satt – mit einem solchen Partner!
Sieh diese Ahnungslosen, diese Dummen,
die voneinander nur die Welt begehren –
ob sie nicht wissen, ach, von diesem Unglück?
Warum Ergebung nicht in Gottes Willen?
Oh weh, die Leute haben's nicht begriffen:
Der Glaube schwand; sie sahen nicht die Welt!«
So sprach der Unschuldsvolle, der ganz Reine,
und wandte von der Elenden sich ab.[65]

So erzählt 'Attar im *Ilāhīnāma,* und seine Erzählung erinnert den Leser stark an die christlichen mittelalterlichen Beschreibungen der »Frau Welt«, die den Menschen von seinem eigentlichen Ziel ablenkt, ihn verführt und in Sünde fallen lässt.

—

Dass man die Welt aufgeben soll, um wirklich Ruhe zu haben, erhellt auch 'Attars Erzählung im *Musībatnāma:*

Marias Sohn kam einst zu einer Höhle;
in dieser Höhle sah er jemanden schlafen.
Er sprach: »Steh auf, der von der Welt nicht weiß,
und tu etwas, damit du was verdienst!«
Der sprach: »Ich tat die Arbeit beider Welten

65. 'Attar: *Ilāhīnāma,* ed. H. Ritter, Leipzig 1940, Kapitel 5, Nr. 3.

und hab das Welt-Reich ewiglich vergeben.«
Er sprach: »Was ist dein Werk, oh Wandersmann?«
Der sprach: »Die Welt ward mir wie ein Stück Stroh.
Ich geb' die ganze Welt für ein Stück Brot;
das Brot geb' einem Hunde ich, wie Knochen.
Bin eine Weile frei schon von der Welt;
ich bin kein spielend Kind; ich bin erwachsen.
Erwachsen nun – was frommt mir Sport und Spiel?
Bin frei – was tu ich mit Nachlässigkeit?«
Als Jesus, Sohn Marias, solches hörte,
sprach er: »Nun tu, was du nur immer willst!
Da frei du von der Welt, schlaf unbeschwert,
schlaf wohl und gut!« – So schlief er fröhlich ein.[66]

Auch diese Geschichte hat 'Attar von al-Makki beziehungsweise al-Ghazālī übernommen. Er kannte zweifellos auch die Überlieferung, die sich in den verschiedensten Lehrwerken findet:

> Gott gab Jesus ein: »Wenn Ich ins Herz eines Menschen schaue und darin keine Liebe zum Diesseits und Jenseits finde, fülle Ich es mit Liebe zu Mir«[67] –

eine Bemerkung, die vielleicht der schon erwähnten Geschichte von den dreimal drei Asketen zugrunde liegt (siehe weiter oben Seite 42).

66. 'ATTAR: *Musībatnāma,* Kapitel 11, Nr. 11; basiert auf AL-GHAZĀLĪ: *Iḥyā' 'ulūm ad-dīn,* Band IV, Seite 168.
67. QUSCHAIRĪ: *Risāla fi't-taṣawwuf,* Kapitel *mahabba* (Liebe).

Jesus, der große Beter

JESUS ERSCHEINT IMMER WIEDER ALS DER GROSSE BETER; »auf den Schwingen des Gebetes ging er zum vierten Himmel«, wie Rūmī sagt.[68] Sein Gebet ist ein Symbol für etwas Schützendes und Hilfreiches, und schon Sanā'ī hatte bemerkt, dass ein aufrichtiges Gebet von Jesus aus dem vierten Himmel mit »Amen« beantwortet und damit gültig gemacht wird.[69]

Eine der schönsten Definitionen der Rolle Jesu und seiner Verbindung mit Gebet und mit Gottgedenken findet sich in dem großen Werk Sarrādschs (gestorben 988) und ist von anderen Mystikern aufgenommen worden: Es ist der Vergleich des menschlichen Herzens mit Jesus, und der *dhikr,* das ständige Gottgedenken, gleicht der Milch Marias, durch die Jesus genährt und gestärkt wurde; denn das Gottgedenken festigt das Herz und reinigt es.[70]

—

Wenn Jesus für die Menschen betet und die segnet, die ihn verfluchen, ist es seine eigene Art, denn er kann gar nicht anders als segnen, wie eine alte Sufi-Geschichte andeutet, die dann in 'Attars *Ilāhīnāma* aufgenommen wird:

Jesus, der Reine, kam einst in ein Dorf.
Die Leute dort beschimpften ihn sehr frech;
sie gaben harte Zeit dem Reingebor'nen.
Er hob sein Antlitz auf, für sie zu beten.
Da sagte einer: »Bist du nicht verwirrt?
Du betest für die Leute, die dir fluchen?«
Doch Christus sprach: »Ein jedes Herz, das lebt,
gibt das nur her, was ihm im Innern bebt!«[71]

68. RŪMĪ: *Dīvān,* Zeile 2559.
69. SANĀ'Ī: *Ḥadīqat al-ḥaqīqat,* Seite 635.
70. ABŪ NASR AS-SARRĀJ [SARRĀDSCH]: *Kitāb al-Luma' fi't-taṣawwuf,* ed. R.A. Nicholson, London und Leiden, 1914, Seite 116.
71. 'ATTAR: *Ilāhīnāma,* Kapitel 14, Nr. 18.

Jesus, so sagen die Sufis, kannte den größten Namen Gottes, oder zumindest wichtige Buchstabenfolgen dieses wunderwirkenden Namens. Doch die Dichter wussten sehr wohl, dass Gebete ohnehin eine besondere Macht haben, vor allem, wenn sie von einem heiligen Wesen wie Jesus geäußert werden. Aber es ist eine alte Regel, dass man nicht um etwas bitten soll, das einem eigentlich nicht zukommt.

—

So kann selbst das liebevolle Gebet, durch das Jesus einem Frommen seine Bitte um Gottesliebe erfüllt, eine negative Konsequenz haben; denn eine solche Liebe ist zu stark für den Bittenden, wie es im *Musībatnāma* erzählt wird:

Jesus ging in der Wüste an einem Mann vorbei.
Er sah: Ein Gotteshaus hatte er dort erbaut,
ein schönes Gotteshaus, drin eine Apsis war,
ein grünes Gartenland, darin ein frischer Quell.
Er sprach: »Oh du Asket, Anbeter Gottes fromm,
was hast du hier gebaut? Warum? Zu welchem Zweck?«
Der sagte: »Edler Mann, mein Leben geht dahin;
ich bringe meinen Tag nur in Gehorsam hin,
doch ich bedarf noch eins in diesem langen Leben,
Gott aber will dem Wunsch, ach, nicht Erfüllung geben!«
Sprach Jesus: »Sag, was willst, was brauchst du denn vom Freund?«
Er sagte: »Ach, ein Korn, ein Körnchen Seiner Liebe.«
Da flehte er für ihn, dass Gott den Wunsch erfülle
und ging hinweg von ihm; der Wunsch ward dann erhört.

Nach einer Weile ging er wieder dort vorüber.
Er sah das Gotteshaus im Staub versunken ganz.
Der Wasserquell, er war vertrocknet und verstaubt,
zerfallen, Stück um Stück, lag auch die Apsis da.
Und Jesus sprach; »Oh Gott, erkläre mir das doch!
Wo ist er denn? Weshalb ist alles hier zerstört?«
Gott sprach: »Geh auf den Berg; am Gipfel find'st du ihn,
von Kopf bis Fuß ist er ein Berg von Leid und Gram.«

Er stieg empor – oh weh! Dann konnt' er ihn dort sehen,
blassgelb das Angesicht, mit trockner Lippe stehen.

Verwirrt war er und war ganz melancholisch auch;
von einem Toten war er kaum zu unterscheiden.
Ein jedes Haar am Leib zeugte von anderm Schmerz,
auf seinem Angesicht des Grames Staub stets neu,
gesenkten Hauptes er in Staub und Blut gefallen,
die beiden Augen tief in ihre Höhlen sinkend.
Es grüßte Jesus ihn und redete ihn an,
doch keine Antwort kam, kein Gegengruß vom Mann.
Und heimlich sagte Gott zu Jesus: »Er war so,
wie du's geseh'n, und ward auf deine Bitte so:
Er wollte ein Atom von Meiner Liebe haben;
als Ich es ihm geschenkt, verließ er alles gleich;
er kümmerte sich nicht um Existenz und Leib,
und er entward und blieb nun ohne Kopf und Fuß.
Hätt' Ich ihm ein Atom von Liebe mehr geschenkt,
er, der entworden ist, er würde zu Atomen!
Nicht jedes Körnchen kann die Liebe auf sich nehmen;
nicht jeder, der sich rühmt, erträgt solch eine Liebe!«
Besteht ein »Andres« noch inmitten dieser Liebe,
ein Götzentempel das, der in der Kaaba bliebe!
Doch bleibt im Herzen selbst des Andern Name nicht,
dann hebt der Vorhang ganz sich von des Freunds Gesicht.«[72]

Hier spricht der Dichter von einer erschütternden seelischen Erfahrung – denn wahre Gottesliebe, die ganz rein und ungemischt ist, lässt dem Menschen nichts mehr, trägt ihn völlig aus einem normalen Leben hinweg. Aber es gibt auch eine andere, verwandte Erzählung, die zum Lieblingsmaterial der Frommen gehörte und ausführlich von ʿAttar im *Ilāhīnāma* ausgearbeitet ist. Auch hier ist ein Mensch nicht imstande, das zu ertragen, was er getrost erbeten und durch Jesu Gebet erhalten hat:

Zu Jesus kam ein Mann, weil er begehrte, dass er den
größten Namen Gottes lehrte.
Doch Jesus sprach: »Nicht, dass dir dieses frommt!
Warum willst du das, was dir nicht bekommt?«
Doch schwor der Mann die Hülle und die Fülle,
dass er ihm diesen Namen doch enthülle.

72. ʿATTAR: *Musībatnāma*, Kapitel 31, Nr. 1.

Als er den größten Namen endlich kannte,
sein Herz vor Glück wie eine Kerze brannte.
Nun kam es, dass er eines Tags geschwind
durch eine Wüste eilte wie der Wind,
als einen Brunn voll von Knochen er erblickte.
Da dacht' er nach und fand, dass es sich schickte,
den größten Namen einmal zu versuchen,
an etwas Kleinem seine Wirkung zu suchen.
So bat er Gott bei diesem größten Namen,
die Knochen zu beleben – und sie kamen,
ja, alle Knochen fügten sich ohn' Fehle;
der größte Name gab auch rasch die Seele,
und sieh, ein Löwe war es da zusammen,
aus dessen Augen sprühten scharfe Flammen.
Er schlug gleich auf den Sucher voller Tücken,
mit seiner Tatze brach er ihm den Rücken. [...]
Dann fraß er ihn sofort im Wüstensand
und ließ die Knochen nackt am Wegesrand,
wo einst gelegen dieses Löwen Knochen –
der Brunnen wurde voll von Menschenknochen.
Als Jesus die Geschichte dann erfuhr,
sprach er erstaunt zu seinen Freunden nur:
»Ist jemand einer Sache gar nicht wert,
ist's Unrecht, wenn er sie von Gott begehrt.
Man kann nicht alles Gut von Gott erbitten;
man kann, was einem zusteht, nur erbitten!«[73]

Bei Rūmī ist es Jesus selbst, der die Knochen anhaucht und dann das Ergebnis sieht; seine Version der Geschichte entwickelt sich aus einer anderen Jesus-Legende, die von der Heilung der Augen berichtet (siehe weiter unten Seite 61):

Weil der Jüngling ihn gebeten, hauchte Jesus
über diese Knochen Gottes Namen.
Gott belebte für den Ungereiften
diese Knochen, macht' sie zur Gestalt.
Und da sprang ein schwarzer Löwe auf,
schlug die Klauen in des Jünglings Leib,

73. ʿAttar: *Ilāhīnāma,* Kapitel 7, Nr. 1.

brach den Schädel ihm, verspritzt' sein Hirn
wie ein Nussmark, nicht wie ein Gehirn!
Hätt' er ein Gehirn, so hätt' der Schlag ihm
nur den Leib zerschmettert und nichts andres.
Jesus sprach: »Wie rasch hast du geschlagen!«
Sprach der Leu: »Weil er dich so geärgert!«
»Warum hast sein Blut du nicht getrunken?«
»Das war nicht mein Anteil,« sprach der Leu.[74]

Al-Ghazālī überliefert auch ein Gebet, das Jesus zugeschrieben wird, wenngleich der Inhalt wenig christlich ist, sondern eher die asketischen Ideale des Islams ausdrückt:

Oh Gott, am Morgen kann ich nicht abweisen, was ich hasse, und kann nicht den Nutzen dessen, was ich erhoffe, erhalten; sondern das liegt in eines Anderen Hand, während ich durch meine Werke gebunden bin. Es gibt keinen Ärmeren als mich. Oh Gott, lass nicht meinen Feind über mich frohlocken und meinen Freund mir schaden, und lass mich in meinem Glauben kein Unglück treffen, und lass nicht die Welt zu dem werden, was mich am meisten beschäftigt, und lass keinen über mich Macht haben, der sich meiner nicht erbarmt, oh Lebendiger, durch Sich selbst Bestehender![75]

Jesus und das Gesetz

EIN WEG ZUM WAHREN GOTTESDIENST IST SCHWEIGEN:

Man sagte zu Jesus: »Zeige uns ein Werk, wodurch wir ins Paradies kommen«.
Er sagte: »Redet überhaupt nicht«.
Sie sagten: »Das können wir aber nicht.«
So sprach er: »Dann redet nur Gutes.«

74. RŪMĪ: *Masnawī*, Band II, Zeile 457ff.
75. AL-GHAZĀLĪ: *Iḥyā' 'ulūm ad-dīn*, Band I, Seite 285.

Oder, anders ausgedrückt:

> Jesus sagte: »Gottesdienst besteht aus zehn Teilen, neun davon sind Schweigen, und ein Teil ist, vor den Menschen zu fliehen.«[76]

Die arabischen Quellen kennen nicht nur die wundersame Kraft Jesu, die sich in seinen Gebeten zeigt, sie wussten auch sehr wohl, wie er das Gesetz vergeistigte und die Gebote des Alten Testaments mit tieferem Sinn erfüllte. Der Mensch muss zweimal geboren sein, um ins Himmelreich zu kommen:

> Wird der Mensch ein zweites Mal geboren,
> legt den Fuß er auf der Sphären Scheitel,

heißt es bei 'Attar. Und Sanā'ī erkennt Jesus als den wahren Interpreten der Zeichen des Evangeliums:

> Man braucht einen Mann wie Jesus, den Sohn Marias,
> auf dem Wege der Aufrichtigkeit,
> damit er den Wert der Zeichen und der Buchstaben des
> Evangeliums kenne.[77]

Schon Tor Andræ hat darauf hingewiesen, dass das Jesus-Bild der Sufis – und der Muslime allgemein – weitgehend auf den Aussagen der Bergpredigt beruht.[78]

Al-Ghazālī zitiert im Kapitel über die Geduld ein fast wörtliches Zitat aus der Bergpredigt:

> »Ehedem wurde euch gesagt: ›Zahn und Zahn, Nase und Nase‹. Ich aber sage euch: Widersteht dem Bösen nicht mit Bösem, sondern wenn einer dich auf die rechte Wange schlägt, halte ihm auch die linke Wange hin. Und wenn dir einer das Kleid wegnimmt, gibt ihm deinen Schurz. Und wenn einer dich zwingt, eine Meile mit ihm zu gehen, dann geh zwei Meilen mit ihm.«[79]

76. AL-GHAZĀLĪ: *Iḥyā' 'ulūm ad-dīn,* Band III, Seite 95.
77. SANĀ'Ī: *Dīvān,* ed. Mudarris Rizawi, Teheran 1962, Qasīda [Gedicht] S. 29.
78. TOR ANDRÆ: *In the Garden of Myrtles,* Seiten 27–29.
79. AL-GHAZĀLĪ: *Iḥyā' 'ulūm ad-dīn.*

Besonders scheint das Wort der Evangelien über den Ehebruch die muslimischen Frommen beeindruckt zu haben. Die Hilya berichtet:

> Jesus sagte: »Oh ihr Kinder Israel, Moses verbot euch, die Ehe zu brechen, und gut ist, was er verbot. Ich aber verbiete auch, dass ihr in euren Seelen davon redet: Denn wenn ihr es [das heißt Ehebruch] in der Seele bedenkt, so ist es wie ein Haus, in dem Ton gebrannt wird; selbst wenn es nicht abbrennt, wird es doch vom Rauch geschwärzt.
>
> Oh ihr Kinder Israel, Moses hat euch verboten, falsch bei Gott zu schwören, und gut ist, was er euch verbot. Ich aber verbiete auch, überhaupt bei Gott zu schwören, sei es falsch oder wahr.«[80]

Sanā'ī hat aus dieser Überlieferung eine dramatische Geschichte entwickelt. Er erzählt von Jesu Versuch, durch Gebet Regen zu erbitten; eine Sitte, die im Islam sehr bekannt ist: Bei langandauernder Dürre zieht die Bevölkerung aus der Stadt, ärmlich gekleidet, und betet um Regen. Der Erfolg, so wird immer wieder betont, hängt davon ab, ob ein Gottesfreund unter der Menge ist, ein Mensch, der aus diesem oder jenem Grund Gott besonders nahe steht. In der folgenden Geschichte ist es ein Mann, der sich das Auge ausgerissen hat, weil er einmal auf eine fremde Frau geblickt hatte.

> Hörtest du, dass Jesus eines Tages
> seinen Herrn um Regen bitten wollte?
> So ging er mit seinem Volk zum Beten,
> alle kamen und voll Demut flehten,
> aber ihr Gebet ward nicht erhört.
> Jesus wurde traurig und verstört.
> Plötzlich kam ein Ruf: »Entferne schnelle
> jenen Sünder, send' ihn auf der Stelle!
> Wo es Sünde gibt – kein Wohlgefallen! –
> wird vergeblich das Gebet erschallen.«
> Viele aus der Menge kehrten um,
> voller Furcht und in Verstörung stumm.

80. Abū Nu'aim al-Isfahānī: *Ḥilyat al-auliyā*, Band VIII, Seite 145f.

Nur ein Einziger blieb Jesus nah –
Selig, der mit einem Auge sah!
Jesus sprach: »Was bist du nicht gegangen?
Fühlst dich mit den andern nicht gefangen?
Seit du lebst, tatst Sünden du genug,
und du schwärztest deiner Taten Buch!«
Doch der sprach: »Für einen Augenblick
traf auf eine fremde Frau mein Blick,
und sogleich, an diesem selben Ort,
riss die Gier ich aus der Seele fort.
Meinen Fuß hob ich nicht von der Stelle,
bis vernichtet ich des Bösen Quelle.
Weil im Auge Satan zeigte Macht,
habe ich das Auge schwarz gemacht.
Weil der Teufel meinen Blick umgarnt',
habe ich den Blick vom Aug' entfernt.
Was in mir des Teufels Anteil war,
bot ich so dem Teufel deshalb dar,
und entfernte es von mir wie Galle,
dass ich Gottes Zürnen nicht verfalle!«
Jesus sprach: »Nun sprich schnell das Gebet,
Gottes Auserles'ner, der hier steht.«
Hob der Treue seine Hände auf;
Jesus sprach das Amen dann darauf.
Rasch erhob der fromme Mann die Hand –
Gott hat seine Werke anerkannt.
Wolken sammelten sich schnell, voll Segen,
füllten sich und gossen aus den Regen.
Links und rechts Wildwasserbäche steigen;
links und rechts die Flüsse sich verzweigen.

Jeder, dessen Werk ist Gott geweiht,
dessen Wort regiert in seiner Zeit.[81]

81. SANĀ'Ī: *Ḥadīqat al-ḥaqīqat,* Seite 353f; basiert auf AL-GHAZĀLĪ: *Iḥyā' 'ulūm ad-dīn,* Seite 277.

Jesus, der Arzt

JESUS IST, WIE DER KORAN SAGT, DER GROSSE ARZT, DER MIT seinem »Zauber« die Kranken heilen kann. Aber, wie Hafis im Einklang mit vielen anderen singt, er erscheint nur, wenn Schmerz vorhanden ist.

> Der Arzt »Liebe« ist voll Mitleid und hat Jesu Atem –
> wen sollte er heilen, wenn man keinen Schmerz hat?

Unter Jesu Heilungswundern spielt die Heilung der Blindgeborenen eine besondere Rolle. Deshalb wird sein Name manchmal in Verbindung mit Heilmitteln erwähnt, die das Auge stärken sollen, wie Kollyrium und Antimon:

> Ich war nur ein schmerzvoll Auge,
> so ergriff ich Jesu Saum,[82]

sagt Rūmī in einem feurigen Gedicht, in dem er von seiner Wandlung durch die Liebe spricht, und er fragt:

> Warum sollte das Auge immer weinen,
> wenn es Kollyrium vom Propheten Christus gefunden hat?[83]

Ja, »der Hauch Jesu ist besser als teures Antimon.«[84] Rūmī weist daher triumphierend auf die Wunder der Propheten hin, vor denen alles Niedere und Gefährliche vergeht:

> Wie bliebe das Meer vor Moses,
> dass es den Weg versperre?
> Wie bliebe noch ein Blindgeborener,
> wenn er bei Jesus Zuflucht nimmt?[85]

82. Rūmī: *Dīvān,* Zeile 16 625.
83. Quelle nicht auffindbar [A.d.H.].
84. Sanā'ī: *Ḥadīqat al-ḥaqīqat,* Seite 293.
85. Rūmī: *Dīvān,* Zeile 31 654.

Und der persische Dichter [Raschīd ad-Dīn] Watwāt (gestorben ca. 1177) übernimmt die traditionelle Beschreibung der Narzisse, die in der Poesie immer dem Auge gleicht und, da sie weiß ist, auch als »blind« bezeichnet wird.

Man könnte sagen: der Frühwind
ward Jesus, Marias Sohn.
Das blinde Aug' der Narzisse
tat er im Garten auf.[86]

Aber die Heilung des Blinden wird, wie so oft, von Rūmī vergeistigt, so, wenn er von dem Asketen erzählt, der sich fast blind weinte.

Ein Freund sprach einst besorgt zu dem Asketen:
»Wein' nicht so viel; das schadet deinen Augen!«
Der sagte: »Sieh, es gibt nur zweierlei:
Das Auge sieht die Schönheit, oder nicht.
Wenn es das Gotteslicht erblickt, was tut's?
Was tun zwei Augen, wenn man Gott erreicht?
Und wenn es Gott nicht sieht, lass es denn sein!
Solch elend' Auge, das sei besser blind!«
Gräm dich ums Auge nicht – Jesus ist dein.
Geh links nicht – er schenkt dir zwei rechte Augen.
Der Jesus deiner Seele ist bei dir;
Sieg schenkt er dir; er ist ein guter Helfer.
Doch leg den Leib voll Knochen nicht, mein Freund,
auf Jesu Herz zu irgendeiner Zeit,
wie jener Dummkopf, der in der Geschichte,
die wir erzählen für die Einsichtsvollen.[87]

Darauf folgt die bereits erwähnte Geschichte (siehe weiter oben Seite 55–56) von dem wiedererweckten Löwen.

Es ist die Heilung der Seele, auf die es ankommt; sonst könnte man ja auch auf Jesu Esel blicken. Aber der Liebende soll, wie Ruzbihan-i Baqli in einem uns etwas merkwürdigen, aber in der persischen Dichtung durchaus geläufigen Bild sagt, »die Urinflasche

86. Raschīdaddīn Watwāt: *Dīvān,* ed. S. Nafisi, Teheran 1960, Qasīda Seite 21.

87. Rūmī: *Masnawī,* Band II, Zeile 446ff.

seines Wollens« (das heißt seine Wünsche und Absichten) dem Arzt Jesus zeigen, weil dieser Arzt imstande ist, ihm zu helfen und die seelischen Krankheiten, die er erkennt, zu heilen.[88]

Aber sind die Menschen wirklich dankbar für die Heilung? Wahrscheinlich nicht! Und dennoch erscheint Jesus immer wieder, um sich der Kranken anzunehmen, die vor seiner Wohnstatt seiner harren.

Die Klause Jesu ist der Tisch der Liebenden –
oh kommt, Geplagte ihr – weicht nicht von dieser Tür!
Von allen Seiten her versammelten sich Leute,
vom Schlag getroffen, blind und lahm, und die in Fetzen.
Sie alle kamen morgens zur Tür von Jesu Klause,
dass er mit seinem Atem sie von Gebresten heile.
Wenn seine Litaneien er dann beendet hatte,
dann trat der Fromme früh aus seiner Tür heraus
und sah sie, Schar um Schar, die Elenden und Armen,
an seiner Schwelle dort voll Hoffnung auf Erbarmen,
und sprach an jedem Morgen: »Oh ihr Geplagten, seht –
von Gott kam die Erhörung für eurer Not Gebet.
So geht nun ohne Schmerzen und Leid von diesem Platz
zur Göttlichen Vergebung, zu Gottes Gnadenschatz!«
Und alle, wie Kamele gebunden lange Zeit,
die man jetzt von den Fesseln an ihrem Knie befreit,
so rannten sie nach Hause und liefen fröhlich fort,
leichtfüßig, froh, genesen von seinem Segenswort![89]

Sie mögen weglaufen, ohne dem großen Arzt wirklich zu danken, aber eigentlich sollten sie sich in den mystischen Reigen einfügen und aus Dankbarkeit und Freude am Reigen der Seligen teilnehmen, wie Rūmī sagt:

Die Blinden und Tauben in dieser Welt,
die vom Sohn Marias geheilt worden sind,
wurden von ihm gerufen,
um in den Reigen einzutreten![90]

88. Baqli: *Sharh ash-shathiyāt,* Sp. 220, § 386.
89. Rūmī: *Masnawī,* Band III, Zeile 298–310.
90. Rūmī: *Dīvān,* Zeile 21 000.

Denkt man nicht hier an das Bild von Jesus als Flötenspieler, der zum Tanze aufspielt, wie es aus den *Thomasakten* bekannt ist?

Jesus erscheint in den verschiedensten Verbindungen als der große Arzt, der nicht nur Blindheit und Aussatz, nein, alle Krankheiten heilen kann. Sein heilender Atem ist nämlich ein Zeichen, das auf Gottes schöpferischen Atem hindeutet.

> Manchmal haucht Er und schafft einen Jesus, Sohn Marias,
> sodass jemand mit Jesus-gleichem Atem zum Zeuge für
> Seinen Atem wird![91]

So sagt Rūmī, denn es war die urewige Göttliche Gnade, der Hauch des Erbarmers, der sich in Jesu Wundern zeigte. Wer Gott wirklich liebt, nimmt Teil an diesem Atem, wie Rūmī behauptet:

> Wir sind geschickte Ärzte,
> denn wir sind Schüler Christi.[92]

Oder, häufiger: Nur der Hauch des Jesus-gleichen Geliebten kann die heilen, die vor Sehnsucht erkrankt sind.[93]

Die Dichter haben mit der Vorstellung vom Jesus-gleichen Arzt häufig gespielt, und bei Sanā'ī heißt es:

> Wenn jemand mir guten Rat gibt, ist es, als wollte er Jesus die Kunst des Arztes lehren.[94]

Besonders treffend ist Chāqānīs Bemerkung, dass ein Ereignis so vor ihm floh, das heißt völlig verschwand,

> so, wie die Krankheit vor dem Odem des im Himmel sitzenden Jesus floh.[95]

91. Ibid. Zeile 30659.
92. Ibid. Zeile 15549.
93. Daher redet Rūmī den mystischen Geliebten an (*Dīvān,* Zeile 10975): »Arzt bist du, wahrscheinlich bist du der Jesus unserer Zeit – Geh nicht! Lass uns nicht so krank!« Der Geliebte ist »Jesus, der Kranke sucht« (ibid. Zeile 34677, vergleiche auch Zeilen 35393 und 32955).
94. SANĀ'Ī: *Ḥadīqat al-ḥaqīqat,* Seite 281.
95. CHĀQĀNĪ: *Dīvān,* Seite 824.

Solche Gedanken leben in der Poesie fort, und im siebzehnten Jahrhundert konnte Talib-i Amuli in Indien mit einem Blick auf seine Zeitgenossen spotten, Jesus könne seinen Laden schließen, da man bei dem gegenwärtigen Zustand der Menschen eigentlich keinen Arzt, sondern einen Veterinär brauche.[96]

Aber obgleich Jesus alle erdenklichen Krankheiten heilen kann, gegen eine Krankheit ist selbst er ohnmächtig, und das ist die menschliche Dummheit. Eine der amüsantesten Geschichten in Rūmīs *Masnawī* hat diese Tatsache zum Inhalt, und der Dichter hat die Geschichte mit großem Behagen erzählt.

Weit in die Berge floh der Sohn Marias,
  als wollt' ein Löwe wild sein Blut vergießen.
Ein Mann lief hinter ihm und rief: »Oh Jesus,
  was rennst du so, wo keiner dich verfolgt?«
Doch derart eilends fuhr er fort zu rennen,
  dass er vor Eile keine Antwort gab.
Der andre folgte ihm noch ein, zwei Meilen
  und rief mit größter Mühe Jesus an:
»Um Gottes willen! Bleib doch einmal stehen –
  ich habe ein Problem: dich flieh'n zu sehen!
Vor wem, oh Edler, rennst du denn hinweg?
  Kein Löwe folgt, kein Feind dir, fürchte nichts!«
Er sprach: »Ich fliehe vor den Dummen! Fort! –
  Ich mach' mich frei; nun binde du mich nicht!«
Der sprach: »Bist du denn Christus nicht, sag an,
  der Blinde und der Taube heilen kann?«
Er sagte: »Ja!« – »Bist du der König nicht,
  der alles Unsichtbaren Zauber kennt,
und hauchst du damit einen Toten an,
  dem Löwen gleich springt er lebendig dann?«
Er sprach: »Ganz recht, ich bin's.« – Der andre frug:
  »Machst du nicht Vögelchen aus Lehm, ganz klug?«
Er sprach: »Jawohl.« – Der sagte: »Geist so rein –
  du kannst doch alles – was bekümmert dich?
Du hast doch solche Kraft, dass in der Welt
  von Menschen nichts sich dir entgegenstellt!

96. Talib-i Amuli: *Dīvān,* ed. Tahiri Schihab, Teheran 1967, Seite 279, Ghasel Nr. 130.

Was kümmert es die Sonne, die sich hebt,
auch wenn der Wintersturm am Himmel tobt?«
Da sagte Jesus: »Bei dem reinen Wesen
des Schöpfers, Der den Leib, die Seele schuf,
ist's dieser Zauber, ist's der größte Name,
den ich auf Blinde blies, auf Taube, Lahme,
und haucht' ich ihn auf einen Berg aus Stein,
zerrisse der sein Kleid und fiel in Stücke,
haucht' ich ihn auf den Toten, würd' er leben,
haucht' ich aufs Nichts, es würde etwas geben.
Doch haucht' ich ihn auf eines Dummkopfs Herz
auch tausend Mal – es würde ihm nicht helfen,
es bliebe harter Stein, sich niemals ändernd,
es würde Sand, aus dem nie Saat erwüchse!«
Er sprach: »Wie kommt es, dass der Name Gottes
dort hilft, und hier kein Nutzen ist, voll Spottes?
Es ist doch Krankheit dort und ist's auch hier,
wie heilst du jenes, und nicht dieses hier?«
Er sprach: »Der Dummheit Schmerz ist Gottes Zorn,
doch Blindheit, Krankheit sind Heimsuchung nur.«
Heimsuchung ist ein Schmerz, der Gnaden bringt,
doch Dummheit ist ein Schmerz, der Schaden bringt. [...]
Flieh vor den Dummen, wie es Jesus tat.
Freundschaft mit Dummen: Da vergießt man Blut;
so wie die Luft das Wasser langsam stiehlt,
so stiehlt den Glauben auch von dir der Dumme.
Er stiehlt dir Wärme, tauscht dir Kälte ein,
wie wenn du untern Hintern legst 'nen Stein.
Denn Jesu Flucht war nicht aus Furcht und Angst –
er ist ja sicher – es war zur Belehrung.[97]

Man wusste freilich auch schon früh, dass es Menschen gibt, die sich zu Unrecht als wunderwirkenden Jesus ausgeben, und so bemerkt Nāsir-i Chusrau:

Nicht jeder, dessen Mutter Maria heißt, ist ein Jesus.[98]

97. Rūmī: *Masnawī,* Band III, Zeilen 2570–2598.
98. Nāsir-i Khusrau: *Dīvān,* Seite 360.

Anwari [1126–1189] aber erweitert den Vergleich und bezieht auch Moses ein (der übrigens häufig in Verbindung mit Jesus vorkommt, da er der große Prophet der Strenge ist, während Jesus die Liebe verkörpert). Moses' Attribut ist der wundersame Stab, mit dem er das Meer spaltete und Wasser aus dem Felsen schlug; Jesus aber ritt in Bescheidenheit auf dem Esel. Deshalb sagt Anwari richtig:

> Nicht jeder, der einen Stab oder einen Esel hat, ist Moses oder Jesus.[99]

Die Rolle Jesu als wundertätiger Arzt hat verschiedene Aspekte; er heilt zwar, erinnert aber die Leidenden daran, dass der Schmerz notwendig ist:

> »Wer sich nicht freut, wenn Unglücksfälle und Krankheiten seinen Leib und sein Hab und Gut treffen, weil er sich davon eine Tilgung seiner Sünden erhofft, der ist kein Gelehrter.«

Das berichtet al-Makki, von dem al-Ghazālī es übernommen hat. Aus den gleichen Quellen stammt das Wort:

> Der Messias sagte: »Ihr erreicht, was ihr liebt, nur dann, wenn ihr erduldet, was ihr verabscheut.«

Krankheit, so weiß der Fromme, kann eine Läuterung sein, und es sind nicht die Gesunden, die des Arztes bedürfen, sondern die Kranken, und das sind, im Falle Jesu, die Sünder. Als Jesus einmal in das Haus einer Prostituierten ging und deswegen getadelt wurde, sagte er: »Der Arzt muss die Kranken besuchen.«[100]

Da die Heilung eine Transformation ist, kann Rūmī Jesus auch als »die große Alchimie« bezeichnen, denn er kann das Kupfer – die gewöhnliche menschliche Natur – in reines Gold verwandeln.[101]

Vielleicht die bewegendste Geschichte von einem durch Gottesliebe und Erkenntnis innerlich schönen, aber äußerlich abstoßen-

99. ANWARI: *Dīvān,* ed. Mudarris Razawi, 2 Bände, Teheran 1958, Seite 86, Qasīda Nr. 56.

100. Al-Ansārī, in JAVAD NURBAKHSH: *Jesus in den Augen der Sufis,* Seite 103.

101. RŪMĪ: *Dīvān,* Zeile 25598.

den Menschen, der durch Jesu Kraft verwandelt wird, erzählt al-Ghazālī:

> Jesus kam einmal bei einem blinden, aussätzigen, siechen, beidseitig gelähmten Mann vorüber, dem vom Aussatz das Fleisch abgefallen war. Der sprach: »Lob sei Gott, Der mich von dem bewahrte, womit Er viele Menschen heimgesucht hat.«
>
> Jesus fragte ihn: »Von welcher Heimsuchung kannst du denn verschont geblieben sein?«
>
> Er sagte: »Geist Gottes, ich bin besser dran als jene, denen Gott nicht die Gotteserkenntnis ins Herz gelegt, die Er mir gegeben hat.«
>
> Jesus sagte: »Du hast wahr gesprochen. Gib mir deine Hand!« Er gab ihm die Hand, und siehe, da hatte er das schönste Antlitz und die herrlichste Gestalt. Gott hatte sein Leiden von ihm genommen, und er folgte Jesus nach und diente Gott mit ihm.

Jesus belebt Tonvögel

DIE DICHTER LIEBTEN DIE KORANISCHE VORSTELLUNG, DASS Jesus kleine Tonvögel geformt habe, die mit Gottes Erlaubnis durch seinen Atem lebendig wurden. Deshalb kann Rūmī, wie mancher andere Dichter, sich selbst als solchen Tonvogel beschreiben, der erst dann fliegen kann, wenn der Geliebte ihn anhaucht:[102]

> Du nimmst ein Tonstück heraus und hauchst darauf –
> es wird zum Falken, oder zur Taube, oder zum Raben![103]

Denn alles, was von der Hand des Gottgesandten Propheten berührt wird, so unbedeutend es auch sein möge, wird veredelt:

102. Rūmī: *Dīvān,* Zeile 19876.
103. Ibid. Zeile 14962.

Der Ton, den Jesus formt, wird zum Vogel,
das Rohr, das Idrīs schneidet, wird zur Rohrfeder.[104]

Idrīs, der wie Jesus lebendig im Himmel weilt, wird nämlich oft mit der Kunst des Schreibens verbunden. Chāqānī verwendet auch noch einen anderen Vergleich mit den Propheten:

Wann würde der Fuß der Ameise zur Schande für Salomo?
Wann könnte Jesu Kunst Schaden nehmen vom Tonvogel?[105]

Denn der mächtige Salomo scheute sich nicht, sich freundlich zu den Ameisen zu neigen, während Jesus es nicht für unter seiner Würde ansah, Tonvögel herzustellen.

Aber in einigen Traditionen wird dieser belebte Tonvogel nicht als »richtiger« Vogel angesehen, sondern als Fledermaus:

Solange du vom Lichte Mosis fern bist,
bist du tagblind wie der Vogel Jesu,

sagt Sanā'ī in seiner *Ḥadīqat.*[106] In dem gleichen Epos spielt er noch mehrfach auf den »Vogel Jesu« an, der schwach ist:

Während der Tag stark und für die Starken ist,
werden die Schwachen nicht in die Mysterien eingeweiht.
Weil die Umkehrung von »Tag« (*rūz*) »Kraft« (*zūr*) ist,
ist der Vogel Jesu tagblind![107]

Das heißt, dieses arme Tierchen, das nur wie ein Vogel aussieht, kann die Sonne nicht ertragen und lebt in der Nacht. Er wird daher immer als Sonnengegner beschrieben:

Du hörtest Tadel vom Vogel Jesu – gut, geh
und höre mein Lob nun von der Sonne!

Und nicht nur Sanā'ī spricht von der Fledermaus, auch der Schiraser Mystiker Ruzbihan-i Baqli betet (mit vielen unübersetzbaren

104. Chāqānī: *Dīvān,* Seite 333.
105. Ibid. Seite 337, Zeile 818.
106. Sanā'ī: *Ḥadīqat al-ḥaqīqat,* Seite 108.
107. Ibid. Seite 282.

Wortspielen), dass dem »nachtfliegenden Vogel« Jesu (das heißt der Fledermaus) Kraft gegeben werde aus dem Leuchter des »Gott ist das Licht der Himmel« (Sure 24:35) und dass »dem Himmel aus dem Farbfass Jesu [siehe weiter unten Seite 88] ein blaues Gewand angezogen werde.«[108]

Belebung der Toten

EBENSO, WIE JESUS TONVÖGEL BELEBEN KONNTE, IST ER MIT dem Wunder der Totenerweckung verbunden. Es wird erzählt, dass Dscha'far aṣ-Ṣādiq, der sechste Imam der Schia (gestorben 765) ein totes Kind wiederbelebte, worauf eine Frau ausrief: »Jesus, der Sohn Marias, beim Herrn der Kaaba!«[109] Das heißt, das Wunder der Erweckung von Toten wurde ganz allgemein Jesus zugeschrieben. In solchen Bemerkungen taucht auch der Name des Lazarus ('Azar) auf, und Chāqānī sah sich geradezu als zweiten Lazarus, der von dem belebt wurde, der die Herzen heilt.[110]

—

Schon als Kind soll Jesus Tote belebt haben; Kisā'ī erzählt in seinen »Geschichten der Propheten«, dass Jesus in Ägypten mit anderen Jungen spielte, und ein Junge, der ihm ähnlich sah, sprang so kräftig auf einen Spielkameraden, dass dieser starb. Der Richter glaubte, Jesus sei der Mörder und rief ihn zu sich. Aber Jesus erklärte dem Richter, der Getötete solle seinen Mörder nennen, und dank Jesu Gebet wurde er wiederbelebt und zeigte, wer schuld an seinem Tod war; dann fiel er wiederum tot zur Erde, und der Mörder wurde bestraft.[111]

108. BAQLI: *Sharh ash-shathiyāt,* Seite 153.
109. RICHARD GRAMLICH: *Die Wunder der Gottesfreunde,* Stuttgart 1987.
110. So zum Beispiel CHĀQĀNĪ: *Dīvān,* Seite 38 in einem Lobgedicht. Siehe auch RŪMĪ: *Dīvān,* Zeile13516: »Gott sei Dank, dass Jesus erschien und unser Lazarus lebendig wurde!«; siehe auch Zeilen 8063 und 13454.
111. KISAI: *Tales of the Prophets,* Seite 332.

Jesus und der tote Hund. Persisches Manuskript (1650) vermutlich vom Maler Talib. Bibliothèque Nationale, Paris

Jesu Fähigkeit, Tote wiederzubeleben, kann aber auch zu unerwarteten Ergebnissen führen, wie ja schon aus den Geschichten vom wiederbelebten Löwen (siehe Seiten 54ff) deutlich wird. Besonders wichtig ist in dieser Gruppe von Erzählungen das sogenannte *Dschumdschumanāma,* die »Schädelgeschichte«, die in der ganzen östlichen islamischen Welt in verschiedenen Versionen verbreitet war. Die Hilya berichtet, der höchst fruchtbare Traditionist Ka'b al-Aḥbār (gestorben um 652), durch den viel jüdisches und christliches Gedankengut in die frühislamischen Legenden eingeführt wurde, habe erzählt, dass Jesus einmal an einem Schädel vorüberging, den Gott auf seine Bitte wiederbelebte. Es war

> ein alter Mann, der sich auf einen Haufen Bohnen stützte und sagte: »Oh Diener Gottes, heb mich doch hoch, damit ich zum Markt gehen kann!«
>
> Er fragte ihn: »Was machst du denn?«
>
> Er sagte: »Ich habe diese Bohnen vom Bohnenfeld gepflückt und sie in diesem Bach gewaschen, und dann überkam mich etwas.« Und er bildete sich ein, dass er noch genau so wäre [wie da er gestorben war]. Da fragte Jesus ihn nach seinem Volk, und siehe, zwischen jenen Leuten und Jesus lagen fünfhundert Jahre.[112]

Noch weiter zurück liegt eine andere Geschichte Kisā'īs, wie Jesus seinen Jüngern von der Sintflut berichtete. Da sagten sie: »Würdest du doch einen erwecken, der Zeuge davon war!« Als er an einen Hügel kam, sagte er: »Das ist das Grab von Sem, dem Sohn Noahs.« Er betete, und Sem wurde lebendig und fragte: »Ist die Auferstehung da?« Dann berichtete er von der Sintflut und starb wieder.

In manchen Versionen der Legende berichtet der wiederbelebte Schädel alles über die Strafen im Grab, über die Hölle und vieles andere. Eine besonders rührende Geschichte wird in 'Attars *Ilāhīnāma* erzählt, in der die Strafe für eine einzige Untat, nämlich das unberechtigte Ansichreißen eines Ackers, der Waisenkindern gehörte, zur Darstellung des koranischen Gebots dient, sich nicht am Gut der Waisen zu vergreifen:

112. Abū Nu'aim al-Isfahānī: *Ḥilyat al-auliyā,* Band VI, Seite 10.

Der Gottes-Geist, die Kerze herzerleuchtend;
an einem Friedhof ging er einst vorüber.
Aus einem Grab schlug Klagen an sein Ohr
und Mitleid wallt' im Herzen ihm empor.
Er betete, Gott möge diesen Alten
lebendig machen, so wie Traumgestalten.
Ein Greis erschien, gleich einem Bogen krumm,
und grüßte ihn und sah sich schweigend um,
und Christus sprach: »Wer bist du, alter Mann?
Wie lebtest du, sag, und wann starbst du dann?«
Da sagte der: »Oh du Mysterienmeer,
ich bin Hayyan, Sohn Ma'bads, trauerschwer.
Schon achtzehnhundert Jahre sind vergangen,
seit ich, oh Reiner, in den Staub gegangen,
und niemals fand ich Ruhe von der Qual,
sah Sicherheit für mich kein einzig Mal!«
Sprach Christus: »Du, der so geplagt im Schlafe –
weshalb ward zugeteilt dir so viel Strafe?«
Er sprach: »Ich habe sie darum bekommen,
weil ich ein Feld von Waisen fortgenommen.«
Sprach Christus: »Bist ungläubig du gestorben,
dass dir ein Acker so viel Qual erworben?«
Der sprach: »Ich starb im Glauben, im Islam,
und dennoch: So viel Strafe auf mich kam!«
Und Jesus betete für ihn: »Es werde,
dass er nun ruhig schlumm're in der Erde!«[113]

In einer verwandten Geschichte, die von Quschairī erzählt wird, handelt es sich um einen Träger, der für die Leute Brennholz trug und ein abgebrochenes Stück Holz als Zahnreibeholz benützte; dafür wird er jahrhundertelang bestraft.

Die Bitterkeit des Todes wird in diesen Geschichten deutlich, und vielleicht gerade, weil Jesus nach islamischem Glauben nicht gestorben, sondern lebendig in den Himmel aufgenommen worden ist, wird er immer wieder mit den Leiden der Verstorbenen und der Bitterkeit des Todes konfrontiert. So heißt es in 'Attars *Mantiq ut-tair:*

113. 'ATTAR: *Ilāhīnāma,* Kapitel 19, Nr. 2.

Einmal trank Jesus Wasser aus einem frischen Bach;
es schmeckte süß und lieblich, wie Rosenwasser fast.
Ein andrer füllt' den Krug sich aus diesem Quell und ging.
Dann trank auch Jesus einmal aus diesem Krug und ging.
Doch von des Kruges Wasser ward bitter ihm der Mund.
Er ging zurück und schaute und wunderte sich sehr
und sagte: »Herr, das Wasser im Krug und das im Quell
sind eines – bitte sag mir; warum der Unterschied?
Warum ist es so bitter, trink ich es aus dem Krug?
Warum ist's süß wie Honig, trink aus der Quelle ich?«
Und da begann der Krug, mit Jesus laut zu reden
und sprach: »Oh Jesus, sieh, ich bin ein alter Mann,
in tausend Jahren war ich nicht nur schlichter Krug,
ich war Pokal, war Fass auch, und war ein Hundetrog,
doch ob für hundert Male man mich zum Kruge macht,
der Bitterkeit des Todes gedenk' ich immer noch,
und weil ich immer denke an diese Bitterkeit,
wird niemals süß mein Wasser, sei noch so süß der Quell.«[114]

Der Gedanke, dass Jesus die Toten belebt, hat die persischen und türkischen Dichter dazu veranlasst, ihren Geliebten in einer besonderen Weise mit Jesus zu vergleichen und zwar in einer Art, die uns wahrscheinlich frivol erscheinen mag. Der Leben spendende Atem Jesu wird zum Symbol für einen Kuss.

Diese Metaphorik ist seit der frühesten Zeit persischer Poesie geläufig.[115] Denn seit alters her wurde der Kuss als Seelentausch angesehen, weil die Seele nach antiker Auffassung im Atem enthalten ist; und wenn der Mensch nahe daran ist, sein Leben auszuhauchen, kommt die Seele auf die Lippe – ein Bild, das im klassischen Altertum ganz geläufig war. Der Geliebte schenkt dem Liebenden durch seinen Hauch neues Leben. Und bekannt ist der Vers des Hafis, der oftmals in der Poesie wiederklingt:

114. 'Attar: *Mantiq ut-tair,* ed. Javad Shakur, Teheran, 1962, Kapitel 26, Nr. 4.

115. 'Aufi: *Lubāb al-albāb,* ed., E.G. Browne und Muhammad Qazwīnī, 2 Bände, London 1906, Band I, Seite 74, Vers von Nakuk: »Manchmal zeigt Er durch einen Kuss den Atem Jesu // Manchmal zeigt Er durch Seine Wange die Hand Mosis.« Die Hand Mosis ist strahlend weiß (siehe Koran Sure 7:108). Auf diese Art kann der Geliebte zum »Messias seiner Zeit« werden: Rūmī: *Dīvān,* Zeile 1765.

Die Hauche Jesu sind ein anmutiger Scherz über deine Lippe,
Das Wasser Chidrs [= das Lebenswasser] ist eine Metapher für das Trinken aus deinem Mund.[116]

Noch im späten achtzehnten Jahrhundert sagt der türkische Dichter Galib Dede in der Nachfolge ungezählter Poeten:

Dies ist ein Wunder Jesu namens »Lippe«.[117]

Eines der bekanntesten Beispiele dieser Metaphorik stammt von Rūmī; es ist dann von den verschiedensten Dichtern in Persisch, Türkisch und Urdu variiert worden:

Fragt dich jemand: »Wie hat Jesus die Toten belebt?«,
dann gib mir in seiner Gegenwart einen Kuss und sag: »So!«[118]

Daher wird in der unter persischem Einfluss sich entwickelnden Poesie der Geliebte oftmals gefragt:

»Wessen Jesus warst du?«

Das heißt, wen hast du mit deinem Kuss belebt? Aber schon lange zuvor hatte Sanā'ī in einem Gedicht gefragt:

Wenn ich seiner Lippe Tausende
von Seelen bringe, sagt er zu mir:
»Wie bringst du das Evangelium
als Geschenk zu Jesus?«[119]

Rūmī übertrifft alle anderen Dichter, die Jesus und den Geliebten gleichsetzten, denn er singt mit christlicher Terminologie von *lāhūt* (Göttlicher Natur) und *nāsūt* (menschlicher Natur) und spielt dabei mit dem traditionellen Vokabular des Unglaubens.

116. HAFIZ: *Dīvān*, ed. Tara Chand und Jalali Na'ini, Teheran, 1971, Seite 488. Dasselbe Bild verwendet FUZŪLĪ: *Dīvān*, ed. A. Gölpinarli, Istanbul 1948, Nr. CCXCI. Es findet sich auch bei RŪMĪ: *Dīvān*, Zeile 35372.

117. In KÖPRÜLÜ: *Eski Şirlerimiz*, Istanbul 1931, Seite 603.

118. RŪMĪ: *Dīvān*, Zeile 19180.

119. SANĀ'Ī: *Dīvān*, Ghasel Seite 795.

Da du Jesus bist, Geliebter [...]
zeige die urewige Göttliche Natur, *lāhūt,*
durch deine menschliche Natur, *nāsūt.* [...]
Der Glaube legt mit der Spitze deiner Locke
einen sonderbaren Ketzergürtel an,
wenn du einen Ringel
von deiner ungläubigen Locke öffnest.[120]

Das Bild der langen dunklen Locke des geliebten Wesens als eines *zunnār* ist ganz geläufig. *Zunnār* ist der Gürtel der Ungläubigen, seien es Zoroastrier oder Brahmanen oder wer immer nicht in das islamische Glaubensschema passt. Hier, in Verbindung mit dem Jesus-gleichen Geliebten, ist es nicht nur der Liebende, der ein solches Zeichen des Unglaubens anlegt, sondern der Glaube selbst: ein Bild, das der moderne Leser nur schwer versteht.

—

Der Gedanke, dass Jesu Atem etwas oder jemanden wiederbelebt, wurde dann weiter ausgesponnen, und fast alles, was das Herz erfreut oder dem Menschen neues Leben schenkt, konnte mit dem Leben spendenden Atem Jesu verglichen werden. Bei Rūmī ist es der Klang der Harfe oder anderer Musikinstrumente, der für ihn belebend gleich Jesu Atem wirkt. Dieser Vergleich kommt allerdings fast nur bei ihm vor, weil in der Tat die Musik ihn in den dunklen Tagen der Trennung tröstete und am Leben hielt.[121]

Chāqānī ist Rūmī vorausgegangen, wenn er die Instrumente mit christlichen Themen verbindet; aber während Rūmī im Klang der Flöte oder Harfe den Leben schenkenden Atemhauch Jesu verspürte, ist Chāqānī sehr viel ›realistischer‹:

Sieh die Barbat [= eine sehr große, stark gewölbte Lauten-Art],
schwanger und klagend wie Maria
und eine Seele gebärend, die prophetische Wunder vollbringt;
auf der Wölbung der Rabab liegt das trockene Futter von Jesu Esel,
der mit vier Zungen das Evangelium singt.[122]

120. Rūmī: *Dīvān,* Zeilen 27726–27727.
121. So zum Beispiel Rūmī: *Dīvān,* Zeile 26636.
122. Chāqānī: *Dīvān,* Seite 435.

Die vier Saiten der Rabab, eines ziemlich kleinen Saiteninstruments, werden hier mehr oder minder geschmackvoll mit den vier Evangelien in Verbindung gebracht.

Es ist auch Rūmī, der das Bild von Jesu belebendem Atem weiter ausdehnt und feststellt, dass der wirkliche und eigentliche Jesus die Liebe ist – jene alles durchdringende, belebende Göttliche Kraft; und so singt er in ekstatischen Worten:

Da Liebe der Jesus unserer Zeit ist
und jemanden sucht, der tot ist,
so stirb ganz vor ihrer Schönheit, wie ich,
und fürchte nichts![123]

Denn dadurch, dass man sich selbst ganz aufgibt, von sich »absterbt«, kann man in der Liebe wiederbelebt werden, wiederauferstehen. So kann man sagen, dass der *masīḥ-i ʿischq* (Messias »Liebe«) »den Toten Glück und den Kranken Heilung« schenkt,[124] und der Vergleich des Leben spendenden Arztes mit dem »Geist Gottes« erscheint häufig, wie der Ausdruck »mit einem Odem wie Jesus« (*ʿĪsā-dam*) ein weitverbreitetes Attribut des Geliebten ist.[125]

Dass Liebe mit Jesus identifiziert wird, erwähnt auch der indische Mystiker Gesudarāz (gestorben 1422), der singt:

Der Name ihrer Mutter ist »Ur-Ewigkeit«,
wie Jesus hat sie keinen Vater.[126]

Und ein Jahrhundert vor ihm hatte Bu ʿAlī Qalandar aus der Nähe von Delhi in Nachahmung von Rūmīs Beschreibung der Liebe im Anfang des *Masnawī* (Zeilen 22–25) geschrieben:

Oh wie schön ist die Messias-artige Liebe, die zum Arzt aller unserer Krankheiten wird![127]

123. Rūmī: *Dīvān,* Zeile 12918.
124. Ibid. Zeile 2236.
125. Ibid. Zeile 8586.
126. Muḥammad al-Husaini Gesudarāz: *Dīvān anīs al-ʿuschschāq,* Hyderabad / Deccan 1940, Seite 127.
127. Bu ʿAlī Qalandar: *Dīvān* P4, zitiert in Tafhimi: *Sharh-i ahwāl u āthār-i fārisī Shaikh Abū ʿAlī Qalandar Panipatī,* Ph. D. Dissertation, Karachi 1975, Seite 285.

Doch nicht nur in der Liebesdichtung, sondern auch in panegyrischer Poesie erscheint das Bild vom belebenden Atem Jesu. Schon in den Tagen Mahmuds von Ghazna, das heißt im frühen elften Jahrhundert, hat Farruḥī [Sīstānī] seinen Mäzen mit Jesus verglichen:

> Du kannst das tote Kamel beleben,
> da bist du also in diesem Fall Jesus,
> Sohn Marias, geworden.[128]

Anderthalb Jahrhunderte später preist Chāqānī am anderen Ende der persischen Welt seinen Herrscher, welcher »der Jesus des Zeitalters« ist, weil er »den toten Leib des Lazarus«, das heißt »des Landes«, wiederbelebt hat, da er seiner Heimat eine neue Blütezeit beschert hat.[129]

—

Besonders häufig aber ist die Verbindung zwischen Jesus und dem Lenz oder der Frühlingsbrise. Denn der Frühling ist ja die Zeit, wenn die scheinbar toten Pflanzen wieder aus ihrem Staub hervorkommen. Schon einer der frühesten lyrischen Dichter Persiens, Abū ʿAlī Marwazī, hat diese Kombination in seinen Versen benutzt,[130] und viele andere taten es ihm nach. So singt der Ismaili Dichter Nāsir-i Chusrau, der gegen Ende des elften Jahrhunderts in den unzugänglichen Bergen Badachschans starb:

> Die ganze Erde schaut und ist lebendig,
> da der Lenzwind Jesu Atem gleicht.

Doch sieht er auch das Wunder Jesu, das in der Totenerweckung besteht, darin, dass im Frühling jedes scheinbar tote Saatkorn in sich gewissermaßen einen Jesus trägt, der es aufleben und keimen lässt.[131]

Ein Jahrhundert später sagt Anwari:

> Der Wind hat Geist in den Körper des Staubes eingehaucht –
> man wurde Zeuge davon, dass der Wind wie Jesu Atem ist.[132]

128. Farrukhī: *Dīvān,* ed. M. Dabir Siyaqi, Teheran 1956, Qasīda Seite 63.
129. Chāqānī: *Dīvān,* Seite 146.
130. ʿAufi: *Lubāb al-albāb,* Band II, Seite 340.
131. Nāsir-i Khusrau: *Dīvān,* Seite 104.
132. Anwari: *Dīvān,* Qasīda Seite 51.

Und wiederum ein Jahrhundert danach meint Saadi in Schiras:

Der Lenzwind, so denkst du, ist der Hauch Jesu,
denn der tote Staub kommt wieder,
und in ihm sind Geist und Duftkraut.[133]

Aber Rūmī sagt noch prägnanter, dass der Frühling »Jesus« die als Märtyrer (durch die Grausamkeit des Winters) gestorbenen Pflanzen aus ihren Leichentüchern befreit.[134]

Im *Masnawī* heißt es aus Jesu Munde:

»Ich rezitierte über den toten Körper und er ward lebendig,
ich rezitierte über das Nichts und es ward zu etwas«,[135]

denn das Rezitieren des »Zauberwortes« und das Anhauchen ist voll Göttlicher Kraft, und schon das Traumbild des Geliebten kann belebend auf den sehnsüchtigen Liebenden wirken:

Dein Traumbild geht ins Herz hinein,
um ihm wie Jesus Leben zu schenken,
so wie die Offenbarung kam zu Moses in Ayman.[136]

Solche Bilder sind häufig, denn die wunderbare Gabe aller Propheten entstammt ja dem Göttlichen Gnadenhauch.

In einer anderen Überlieferungskette, nämlich in der schiitischen Ismailiyya, den Siebener-Schiiten, kann man auch Vergleiche des ersten Imams, ʿAlī ibn Abī Ṭālib (getötet 661), mit allen Propheten anstellen, deren Wunder er in anderer Form zeigte. Über seine Ähnlichkeit mit Jesus sagt Nāsir-i Chusrau:

Wenn Jesus, Sohn Marias, dank dem Zauber
mit neuem Leben die Verstorb'nen füllte,
so auch belebte ʿAlī viele Tote.
Lebendig ist, wer weiß; tot sind die Dummen.[137]

133. Muslihaddīn Saadi: *Kulliyāt,* 4 Bände, Furughi Ms., Teheran 1958–1961, Band III, Ghasel Nr. 611.

134. Rūmī: *Dīvān,* Zeile 21172; vergleiche auch 21736.

135. Rūmī: *Masnawī,* Band III, Zeile 2587.

136. Rūmī: *Dīvān,* Zeile 19465.

137. Nāsir-i Khusrau: *Dīvān,* Seite 452ff.

Denn für die Schia ist 'Alī »das Tor der Stadt des Wissens«, das heißt des Propheten Mohammed, und Mitteilung von hohem Wissen ist ihm besonders eigen, sodass er die geistig Toten beleh- ren und damit beleben kann.

—

Mit der Belebung der Toten hängt in gewisser Weise auch Jesu Rolle als Mahdī zusammen, als derjenige, der vor dem Ende der Welt erscheinen und, wie die Tradition weiß, mit den Erzengeln Gabriel und Michael nach Jerusalem kommen wird.

Der Daddschāl ist die Verkörperung des bösen Prinzips, das am Ende Jesus unterliegen muss, und deshalb kann Ruzbihan-i Baqli Jesus mit dem Leben, den Daddschāl mit dem Tod vergleichen.[138] Für die Dichter, vor allem in Rūmīs Werk, erscheint alles Schädliche als Daddschāl. So gleicht der Liebende, der in der Trennung vom Geliebten leidet, einem Menschen, der auf die Ankunft Jesu harrt, dessen Kommen den Daddschāl »Kummer« töten wird; und auch die »Trennung« selbst wird in Rūmīs Versen mit dem Daddschāl verglichen, in dessen Gegenwart man sich nach Jesu Zauberhauch sehnt oder den Jesus töten soll (siehe oben Seite 18). Denn nur Jesus kann den ersehnten Tag der Auferstehung herbeiführen, wenn der »blinde Daddschāl« endlich überwunden ist.[139]

Jesu wunderbarer Tisch

DIE DICHTER NEHMEN GERN DAS THEMA DES IN SURE 5 erwähnten wunderbaren Tisches Jesu auf. Dieser Tisch ist ein Zeichen Göttlicher Huld und kann so mit dem Manna und den Wachteln verglichen werden, die Gott den Kindern Israel in der Wüste sandte:

Von der lieblichen Speise Mosis
und auch von Jesu Tisch –

138. BAQLI: *Sharh ash-shathiyāt,* Seite 331.
139. RŪMĪ: *Dīvān,* Zeile 4789.

was für Leckereien und Speisen
und Süßigkeiten sind das, oh Gott![140]

ruft Rūmī entzückt aus. Aber, so sagt die Legende, die Jünger Jesu waren nicht dankbar für die Himmelsspeise, und ebenso, wie die Kinder Israel sich über die himmlischen Gaben von Manna und Wachteln in der Wüste ärgerten, so auch die Jünger Jesu – eine Überlieferung, die Rūmī dazu dient zu zeigen, wie »schlechtes Benehmen« zum Unglück führt.

Vom Himmel wurd' ein Tisch herabgesandt, ganz ohne
Handel, ohne Müh' und Arbeit.
Jedoch ein paar von Moses' Leuten schrien ganz frech:
»Na, wo sind Linsen denn und Knoblauch?«
Der Himmelstisch ward ihnen gleich entzogen – es blieb
der Schmerz des Säens, Grabens, Erntens!
Als Jesus wieder Gott um Hilfe bat, sandt' Er den Esstisch
und gefüllte Schüsseln.
Und wieder gab es unerzog'ne Freche, die sich wie Bettler
um die Speisen rissen.
Und Jesus sagte: »Bitte – das bleibt doch und wird nicht
wieder aus der Welt genommen!
Misstrauisch, voll Gier sich zeigen ist Undankbarkeit vor
solchem Tische Gottes!«
Und wegen der verblendet Unverschämten ward dann
das Gnadentor für sie geschlossen.[141]

Übrigens vermischt der große Dichter der Ismailis, Nāsir-i Chusrau, das alt- und das neutestamentliche Bild, wenn er meint, einem Unwissenden guten Rat zu geben, sei ebenso, als würfe man – nicht Perlen, sondern – Manna und Wachteln vor die Säue.[142]

In Rūmīs Poesie ist der Tisch Jesu oft mit Gedichten über das Fasten verbunden, denn er enthält ja geistige Speise und geistigen Trank. Daher heißt es:

Es ist die Regel Deiner Güte, denen, die wie Jesus fasten,
einen Tisch vom Himmel zu senden;[143]

140. Rūmī: *Dīvān*, Zeile 1052.

141. Rūmī: *Masnawī*, Band I, Zeile 80–87.

142. Nāsir-i Khusrau: *Dīvān*.

143. Rūmī: *Dīvān*, Zeile 19904.

und solches Glück geschieht »durch Jesu Gebet«.[144] Und in einem anderen Bild sagt er:

> Jesus ruft vom vierten Himmel: »Auf zu Tisch!«
> Wasch dir Hand und Mund, denn es ist der Zeitpunkt für
> den Tisch![145]

Und der Mensch wird gemahnt, Brot und Suppe aufzugeben und sich auf den Tisch Jesu zu konzentrieren.[146] Mehrmals wird auch der wundersame Tisch mit geistiger Speise dem Esel Jesu, dem materiellen Teil des Menschen, gegenübergestellt:

> Als Jesus vom Esel freikam, wurde sein Gebet erhört:
> Wasch dir die Hand, denn Tisch und Tischtuch sind
> vom Himmel gekommen![147]

So sagt Rūmī, während Chāqānī kurz und bündig feststellt, dass Gott jedem das Passende schickt:

> Vor Jesus den Tisch, vor den Esel das Stroh.[148]

Aber während sich bei Rūmī Anspielungen auf den Tisch im Allgemeinen auf das asketische Ideal beziehen, wird für Chāqānī etwas lang Ersehntes ganz allgemein dem segensreichen Tisch Jesu verglichen:

> Den armen Mekka-Pilgern erscheint die Kaaba als Fest,
> wie einst den asketischen Jüngern der Tisch Jesu;[149]

das heißt, sie finden am Zielpunkt ihrer Pilgerfahrt die erhoffte geistige Speise. Aber er sieht auch ein-, zweimal die Sonne als den goldenen Tisch Jesu, denn sie leuchtet – so dürfen wir sein Bild verstehen – im vierten Himmel, der Wohnstatt Jesu, nachdem er diese Erde verlassen hat.

144. Ibid. Zeile 18244.
145. Ibid. Zeile 4700.
146. Ibid. Zeile 2050.
147. Ibid. Zeile 9350.
148. Chāqānī: *Dīvān,* Seite 551.
149. Ibid. Seite 369; für eine Umkehrung des Bildes siehe ibid. Seite 5.

Jesus und sein Esel

DER ESEL JESU, DER IN DEN GENANNTEN VERSEN DEM »Tisch Jesu« gegenübergestellt wird, spielt in der persischen Bildersprache immer eine wichtige Rolle, wenn auch der Dichter Auhadi Maraghi in einem Gedicht erzählt, wie Jesus nicht ruhte, bis sein erschöpftes Eselchen Wasser getrunken hatte – wieder ein Zeichen für seinen Edelmut.[150] Aber im Allgemeinen erscheint der Esel als negatives Bild. Einen Vers Saadis übernehmend, schreibt Goethe im *West-östlichen Diwan* (»Buch der Sprüche«):

Wenn man auch von Mekka triebe
Christus' Esel, wird er nicht
dadurch besser abgericht',
sondern stets ein Esel bliebe.

Rūmī wiederholt, wie viele andere, dass Jesus zwar zum Himmel aufgestiegen sei, sein Esel aber sei auf der Erde zurückgeblieben. Damit ist die Rolle des Esels festgelegt: Er ist das Symbol des Sinnlichen, Materiellen – Esel waren ja seit alters her als überaus sinnliche Tiere bekannt, und wie das klassische Altertum die Geschichte des Apuleius vom »goldenen Esel« kannte, so enthält auch Rūmīs *Masnawī* einige sehr grobe Eselsgeschichten. Deshalb warnt der König in 'Attars *Ilāhīnāma* seinen Sohn:

»Sieh, wenn mit Jesus man vertraut sein kann,
wer wird sein Leben mit dem Esel teilen?
Warum bist du des Esels Lustgefährte?
Kannst doch mit Jesus in der Klause weilen!«[151]

Statt dem Esel Stroh und Heu zu bringen,
soll man lieber Jesus dienen![152]

150. Zitiert in JAVAD NURBAKHSH: *Jesus in den Augen der Sufis.*
151. 'ATTAR: *Ilāhīnāma,* Kapitel 2, Nr. 0 (Einleitung).
152. RŪMĪ: *Dīvān,* Zeile 34718.

Immer wieder findet man solche Mahnungen in der persischen Dichtung. Man weiß, dass Jesus nur aus Bescheidenheit auf einem solchen Tier ritt:

> Jesus ritt aus Demut auf einem Esel –
> wie würde sonst der Morgenwind auf einem Esel
> wie auf einem Steckenpferd reiten?[153]

Aber man sollte sich immer erinnern, dass die »Jesus-gleiche Seele« nichts mit einem solchen Geschöpf zu tun hat.

> Wie kennte wohl ein Esel Jesu Wert?
> Was wüsst' ein Tauber wohl von Davids Sang?[154]

Rūmī fragt deshalb:

> Die liebende Seele hat nichts mit Gelüst zu tun –
> würde man Jesus und den Esel zusammen in einen Stall
> sperren?[155]

Und er beschreibt seine eigene Lage:

> Jesus, Marias Sohn, ging zum Himmel, und sein Herz blieb
> hier:
> Ich blieb auf Erden, aber mein Herz ging hinauf.[156]

Wer dem Esel, der Welt, der Materie, dient, versteht nichts von Mysterien. Deshalb sollte man dem Esel nicht so viele delikate Worte des Jesus »Seele« oder gar die leckeren Speisen Jesu anbieten, die da sind »Entselbstung« und »geistiger Rausch«. So seufzt Rūmī:

> Wie viele feine Wort des Jesus »Seele«
> habe ich dem Esel in Ohr und Herz eingehämmert![157]

153. Ibid. Zeile 35583.
154. SANĀ'Ī: *Sair al-'ibād,* in *Mathnawīhā,* ed. Riza Mayil, Kabul 1972, Seite 189.
155. RŪMĪ: *Dīvān,* Zeile 12722; vergleiche auch 11667 und 34718.
156. Ibid. Zeile 19085.
157. Ibid. Zeile 18524; vergleiche Zeile 31341.

Chāqānī sieht es etwas anders, vielleicht realistischer:

> Solange Gerste roh ist, ist sie nur Eselsfutter, nichts sonst;
> wenn sie gekocht wird, wird sie zum Trank Jesu.[158]

Sollte er hier wohl auf die berauschende Wirkung fermentierter Gerste anspielen? Das ist sehr wahrscheinlich, denn der Rauschtrank kommt mehrfach in Verbindung mit Jesus und dem Esel vor: Rūmī bittet um den geistigen Wein der »Mönche« (das ist die mit Jesus, dem Seelensymbol, verbundene Erfahrung), weil er »weder wie ein Esel iaht, noch Dung liebt.« Freilich, Jesus würde in seiner allumfassenden Güte dem dummen Esel wohl auch sein feines Zuckerwerk nicht vorenthalten, aber das unverständige Tier zieht doch diesen Köstlichkeiten das altgewohnte Stroh vor.[159]

Manchmal hat Rūmī jedoch die Hoffnung, dass sogar der Esel durch die Göttliche Liebe transformiert werden kann:

> Wenn der Esel den Wein Jesu trinkt,
> wird er irgendwann auch zwei Flügel wachsen lassen.[160]

Doch eine solche Verwandlung bedarf der Hilfe des Ersten Intellekts, wie Rūmī in *Fīhi mā Fīhi* mit einem Vers Sanā'īs sagt:

> Vom Intellekt nahm Jesus Federn
> und flog zum Himmel auf,
> und hätt' sein Esel solche Federn,
> wär' er kein Esel mehr![161]

Aber mehrfach steht der erdgebundene Esel, den Jesus hinter sich ließ, als er zum Himmel aufstieg, im Gegensatz zu Burāq, dem himmlischen Reittier, auf dem der Prophet Mohammed gen Himmel reisen konnte.

> Wenn der Burāq [Liebe] vom Himmel kommt,
> wird der Jesus [Seele] diesen Esel los; jawohl![162]

158. Chāqānī: *Dīvān,* Seite 313.
159. Rūmī: *Masnawī,* Band V, Zeile 836.
160. Rūmī: *Dīvān,* Zeile 10730.
161. Sanā'ī: *Dīvān,* Seite 497, zitiert in Rūmī: *Fīhi mā Fīhi* (deutsch), S. 190.
162. Rūmī: *Dīvān,* Zeile 30917.

Und Baqli fragt:

> Wie kannst du die Last des die Urewigkeit durchmessenden Burāq auf Jesu Esel laden?[163]

Im Allgemeinen ist gerade Rūmīs Sprache außerordentlich grob, wenn er auf den Gegensatz Jesus–Esel anspielt: Kann man von Jesus reden und gleichzeitig am Eselsurin riechen?[164] Und noch mehr:

> Fern sei das Auge des Hundes vom Kampf der Löwen!
> Fern sei der Eselhintern von Jesu Wiege![165]

Solche Bemerkungen gipfeln in der Frage:

> Die Lippe, die den Eselshintern geküsst hat, –
> wie könnte die den süßen Kuss Christi erfahren?[166]

Jesus selbst isst kein Halwa aus dieser tumultuösen Welt, denn die ist doch nichts als ein Eselsstall.[167]

Die Sorge für den Leib und die Vernachlässigung der Seele wird durch die Jahrhunderte von den Dichtern unter dem Bild von Jesus und dem Esel symbolisiert. Schon Sanā'ī schreibt in der *Ḥadīqa:*

> Der Jesus deiner Seele ist hungrig wie ein Rabe,
> dein Esel aber kaut Sesamkörner wieder.
> Deine Seele ist mager durch sinnloses Gerede,
> dein Körper ist fett durch angeberisches Tun.[168]

Und man soll »die Hütte des Fleischers« nicht für Jesu Platz halten, wie Chāqānī im Einklang mit anderen Dichtern mahnt.[169]

Der Kontrast Jesus–Esel bleibt weiter lebendig, und der Mensch wird immer wieder gemahnt: Komm hinauf zum Himmel wie

163. Baqli: *Sharh ash-shathiyāt,* Seite 134, § 403.
164. Rūmī: *Dīvān,* Zeile 26025; vergleiche 9649.
165. Ibid. Zeile 11698.
166. Ibid. Zeile 1071.
167. Ibid. Zeile 6431.
168. Sanā'ī: *Ḥadīqat al-ḥaqīqat,* Seite 376.
169. Chāqānī: *Dīvān,* Seite 330.

Jesus, Sohn Marias, und lass den Esel Jesu, des Sohnes Marias![170] Denn wenn der »Tod des Esels« auch für den Besitzer schwer sein mag, »für mich ist es ein Glück«,

> denn wenn der Esel fortgegangen ist,
> kommt Jesus mir an die Brust.[171]

> Und wer ein Feind des Hauches Jesu ist,
> ist ein Esel mit falschen Prätentionen![172]

Schließlich dreht Ghanī Kaschmīri (gestorben 1651 in Kaschmir) das Thema ironisch um und, mit Hinweis auf die Lippe des Geliebten, der die Liebenden durch seinen Hauch oder Kuss beleben kann, sagt er:

> Jemand, der vor den Leben spendenden Lippen des Geliebten von Jesus spricht, der ist ein Esel![173]

Himmelfahrt Jesu. Legendäre Chronik des Lebens der Propheten (1583). Museum der türkischen und islamischen Kunst, Istanbul

170. Rūmī: *Dīvān,* Zeile 20053.
171. Ibid. 19073; vergleiche 1090 und 9649. Das Thema des verlorenen Esels, dessen Verlust eigentlich ein Gewinn ist, durchzieht Rūmīs Dichtung, weil es sein Anliegen, das Aufgeben der materiellen Interessen und den Aufstieg zur geistigen Welt, gut beleuchtet.
172. Rūmī: *Dīvān,* Zeile 28483.
173. Sheikh Muḥammad Ikrām: *Armaghān-i Pāk,* Karachi 1953, Seite 241.

Jesus und die Farben

EINE GESCHICHTE, AUF DIE MYSTISCHE DICHTER GERN ANspielen, ist die von Jesus und seiner Kunst, Kleider zu färben. Die »Geschichten der Propheten« berichten:

> Maria sagte zu Jesus: »Kind, komm mit mir; ich will dich zu einem Färber bringen, damit du einen Beruf lernst, mit dem du etwas verdienen kannst.«
>
> So nahm sie ihn zu einem Färber, und der sagte: »Jesus, gieß Wasser in das Gefäß, färbe all diese Kleider und häng sie dann auf die Leine.«
>
> Aber er sagte ihm nichts über die Farben [die die Leute bestellt hatten]. So färbte Jesus die Sachen und hängte sie auf. Als der Meister zurückkam und sah, was Jesus getan hatte, sagte er: »Junge, du hast mich ruiniert und hast die Kleider der Leute verdorben.«
>
> Jesus sagte: »Du hast mir befohlen, sie zu färben, hast aber nicht gesagt, in welchen Farben.« Dann fragte er: »Was ist deine Religion?« Der Mann sagte, er sei Jude.
>
> Jesus sagte: »Dann sprich: ›Es gibt keine Gottheit außer Gott; und ich, Jesus, bin Sein Gesandter‹; und dann kannst du die Kleider herausnehmen, jedes in der Farbe, die du willst.« Der Färber tat's und zog jedes Kleidungsstück in der gewünschten Farbe heraus.[174]

In der Poesie wird dieses Wunder oft mit dem koranischen Ausdruck von der »Färbung Gottes« (Sure 2:138) verbunden: Jesus kann durch Göttliche Macht den Unterschied zwischen Einfarbigkeit und Buntheit auslöschen. Die Welt der Farben ist nur ein farbiger Abglanz oder ein Schein von der Göttlichen Welt der Einfarbigkeit, zu dem der wahre Heilige gelangt.

Denn wenn der Mensch von diesen Farben getrennt wird »und in Jesu Farbfass geht«, legt er sein Gesicht in »die Färbung Gottes,

174. KISAI: *Tales of the Prophets,* Seite 333.

damit Gott tut, was Er will«.[175] Und deshalb ermahnt Sanā'ī den Sucher:

Nimm dir vom Leib die siebenfarb'ge Kutte,
ein weißes Kleid nimm, wie es Jesus tat,
damit wie Jesus du auf Wasser wandelst,
und auf dem Weg mit Mond und Sternen wandelst![176]

Aber man kann die Erfahrung des Farbenwunders auch auf die Natur anwenden; im Frühling, wenn die ganze Natur farbenprächtig ist wie das Haus Manis des Malers [216–277], erinnert der Mond Chāqānī an Jesu Farbenwunder.[177] Und wahrscheinlich hat auch irgendein anderer Dichter Jesu Wunder darin gesehen, wie aus dem einfarbig weißen Winterschnee plötzlich die bunten Blumen erscheinen (doch ist mir dies Beispiel noch nicht begegnet).[178]

Jesu Wandeln auf dem Wasser

SANĀ'ĪS BEMERKUNG VON JESU WANDELN AUF DEM WASSER bezieht sich auf ein Wunder, das zwar nicht im Koran, dafür aber in der Überlieferung erwähnt wird. Jesus, so heißt es, konnte auf dem Wasser wandeln. Das ist wohl ein Echo seines Wandelns über den See Genezareth, von dem das Evangelium berichtet.

Doch schon in frühen Sufi-Texten wird ein dem Propheten Mohammed zugeschriebenes Wort zitiert, das in der Frömmigkeit bis heute wiederholt wird:

175. Rūmī: *Dīvān,* Zeile 7375.
176. Sanā'ī: *Ḥadīqat al-ḥaqīqat,* Seite 132.
177. Chāqānī: *Dīvān,* Seite 179.
178. Sehr elegant ist Chāqānīs Trauergedicht (*Dīvān,* Seite 871), in dem er behauptet, aus Trauer trüge selbst Jesus, der doch der Sonne nahe ist, dank seiner Färberkunst ein schwarzes Gewand. Auch in dieser Hinsicht vergleicht Chāqānī sich mit Jesus und behauptet, in seinem Laden keine Farben zu brauchen (*Dīvān,* Seite 251): Er schafft sein Werk sozusagen durch eine Wunderhandlung.

> Wenn mein Bruder Jesus mehr Gewissheit (*yaqīn*) gehabt hätte, wäre er in der Luft gewandelt.[179]

Das bedeutet, eine ganze Kleinigkeit am vollkommenen Glauben fehlte selbst dem größten Propheten vor Mohammed. Aber eine feine Erklärung des Prophetenwortes hat Ruzbihan-i Baqli in seinem *'Abhar al-'āschiqīn* gegeben:

> Da er [Jesus] ganz zu Seele geworden war,
> ging der »Geist Gottes« auf dem Reittier »Gewissheit« zum Himmel;
> aber da das Reittier seiner Gewissheit nicht das gleiche Futter hatte
> wie das Ross des Monotheismus des Herrn [des Propheten Mohammed],
> schüttelte es die Stallungen der Ereignisse nicht ab.[180]

Jesus war also noch immer an etwas Irdisches gebunden, während Mohammed sich in seinem absoluten Einheitsbekenntnis von allem gelöst hatte.

Der vielfach erwähnte »Aufstieg« führt Jesus aber nicht in den höchsten [den siebten] Himmel, sondern, wie man erstaunt feststellt, nur in den vierten Himmel.

Jesu Wohnsitz im vierten Himmel

IMMER WIEDER WIRD DIESER VIERTE HIMMEL ALS WOHNstatt Jesu genannt; es ist der Sonnenhimmel, in dem er seinen Platz hat. Seine Aufnahme in den Himmel wird gern dem Ende Qārūns, des biblischen Korach, gegenübergestellt. Qārūn ist in der islamischen Tradition als besonders reich und gierig bekannt; denn er sammelte, wie es heißt, so viele Schätze, dass er am Ende unter

179. Abū Nasr as-Sarrāj: *Kitāb al-Luma'*, Seite 115.
180. Baqli: *Sharh ash-shathiyāt*, Seite 121, § 249.

ihrem Gewicht in die Erde sank, und so wurde der Kontrast zwischen der »Askese Jesu und der Gier Qārūns« zu einer oft verwendeten rhetorischen Figur.[181]

Sanā'ī sagt in der *Ḥadīqa:*

Da Jesu Speise aus dem Himmel kam,
ward auch ein Haus für ihn dort eingerichtet.
Zum Himmel hob er deshalb ja das Haupt,
weil er auf Erden keine Wohnstatt hatte.
Was soll der reine Geist mit Häusern, ach?
Der fünfte Himmel ist ja Jesu Dach.[182]

Der Aufstieg Jesu erklärt sich daraus, dass seine Seele zum Thron Gottes gehörte und wieder in Dessen Nähe weilen wird, denn:

Die Seele, die zum Gottesthron gehört, geht zu Jesus.
Die Seele, die zu Pharao gehört, geht zu Qārūn.

Jesus, zusammen mit Idrīs, Elias und Chidr, ist einer derjenigen, die lebendig in den Himmel aufgenommen sind, wenngleich Chidr, der Unsterbliche, meist als Helfer der Irrenden unerkannt in der Welt umherschweift. Aber Jesus erscheint immer wieder als Beispiel dafür, dass Gott einen Menschen zu Sich aufnehmen kann, wann und wie es Ihm beliebt. Deshalb zählt der Paschtunendichter Raḥmān Bābā (gestorben 1711) unter den vielen Wundern des Schöpfers auch dieses auf:

Wer kann zum Himmel von der Erde steigen?
Die Möglichkeit dazu gab Jesus Er!

181. Ein schönes Beispiel dieses Kontrastes findet sich in Sanā'ī: *Ḥadīqat al-ḥaqīqat,* Seite 443:

Sieh die Askese Jesu und die Gier Qārūns.
Über den Ruhm jenes und über diesen wurde gesagt:
»Wir erhoben (*rafa'nā*) ihn« [Sure 19:57] auf der Leiter des Flehens;
»Wir spalteten« [Sure 28:81] [die Erde unter ihm] vom Abgrund der Gier.

Rūmī singt (*Dīvān,* Seite 31319): »Qārūn ist wie ein Eimer, der in die Tiefe des Brunnens hinabging, // Jesus auf dem Himmelsdach zeigt eine hübsche Strickleiter.«

182. Sanā'ī: *Ḥadīqat al-ḥaqīqat,* Seite 417.

Jesus braucht sich in seinem Himmelssitz nicht mehr um die Welt zu kümmern. Was braucht er noch etwas von Hitze oder Kälte zu wissen? Damit wird er in entrücktem Gleichmut zum Vorbild für den wahren Gottesliebenden. Aber Rūmī meint auch ironisch:

Was hat Jesus, der im vierten Himmel ist,
mit der Kirche zu tun?[183]

Nein, wenn man den Dichtern glaubt, lebt Jesus dort in reiner Seligkeit, und Hafis, nicht unbedingt bescheiden, behauptet, dass seine Gedichte so lieblich sind, dass die im fünften Himmel weilende Venus sie singt und dadurch sogar Jesus zum Tanzen bringt.[184]

Jesus und die Nadel

ABER, SO MAG MAN FRAGEN, IST ES NICHT MERKWÜRDIG, ja paradox, dass Jesus, der »Geist Gottes«, nicht ganz nahe am Gottesthron weilt, nicht »sitzend zur Rechten Gottes« vorgestellt wird? Die Sufis hatten eine Erklärung dafür. Jesus, der große Asket, der Becher, Kamm und selbst sein Ziegelsteinkissen fortgeworfen hatte, wurde von den Engeln untersucht, ehe Gott ihn zum Himmel erhob, und sie entdeckten, dass er noch eine Nadel im Saum seines Gewandes trug. Diese Geschichte kommt in den verschiedensten Quellen vor, und wahrscheinlich hat zu ihrer Beliebtheit auch beigetragen, dass al-Ghazālī sie in seinem großen Werk erwähnt hat.

Der Erste, der die Legende poetisch ausmalte, war der zwanzig Jahre nach al-Ghazālī verstorbene Sanā'ī, in dessen *Ḥadīqa* man liest:

183. Rūmī: *Dīvān,* Zeilen 1283 und 18388.

184. Hafiz: *Dīvān,* Seite 19, Nr. 7. Man denke auch an Rūmī: *Dīvān,* Zeile 32607: »Wenn du drei, vier Becher vom Messias ›Seele‹ getrunken hast – warum überschreitest du nicht den vierten Himmel?«

185. Sanā'ī: *Ḥadīqat al-ḥaqīqat,* Seite 392.

Als Jesus, Gottes Geist, ward nun entrückt –
der vierte Himmel wurde sehr geschmückt.
Der Schöpfer und Beweger beider Welten
gab Gabriel Befehl, ihn erst zu prüfen:
»Durchsucht ihn überall, ob er vielleicht
noch etwas von dem Gut der Welt besitzt!«
Als man so suchte, fand man eine Nadel
im Saum der Kutte, und man fragte ihn:
»Weshalb hast du denn eine Nadel mit?«
Er sprach: »Um meine Scham recht zu bedecken.
Ich will nicht Schmuck, ich bin mit groben Fetzen
zufrieden, auch wenn ich kein Herrscher bin.
Solang dieses abgetrag'ne Kleid ich trage,
brauch Nadel ich und Faden manche Tage.«

Sie sagten alle: »Du bist unser Schöpfer
und alles, was geschieht, das weißt Du ja!
Er hat im Saum der Kutte eine Nadel;
sonst hat er gar nichts mehr von dieser Welt.«
Ein Ruf erscholl vom Herrgott, von dem Milden:
»Lasst ihn an jenem hohen Platze weilen.
Der Duft des Glaubens weht aus diesem Leibe.
Sein Wohnort nun der vierte Himmel bleibe!«

Doch hätt' er diese Nadel nicht besessen,
hätt' er ganz nah an Gottes Thron gesessen.
Zum Hindernis ward ihm die eine Nadel
und er begnügte sich mit jenem Platze.
Dem Ort der Nähe und der Majestät
blieb fern er: Denn die Nadel war sein Unglück.[185]

'Attar kennt selbstverständlich auch die Geschichte und spielt in seiner Lyrik häufig darauf an, und er ermahnt sich, vorsichtig zu sein, denn bei all seiner Jesus-gleichen Liebe sieht er doch noch eine Nadel und einen Kamm auf seinem Weg:

Wie lange bist du noch von einer Nadel gefesselt?
Lass die Welt wie Jesus![186]

186. 'Attar: *Dīvān,* Ghasel Seite 766. 'Attars *Dīvān* hat zahlreiche Anspielungen auf die Nadel, so auf Seiten 97, 433, 498, 657 und anderen.

heißt es in einem seiner Ghaselen. Denn eine Nadel kann für den gereiften Mystiker zu einem Schleier werden. Ja, für ein völlig vergeistigtes Wesen wie Jesus ist die winzige Nadel ebenso gefährlich wie alle Schätze Qārūns. Wie Rūmī sagt:

Wenn du in dieses Schatzhaus gehst,
frei von Tür und Fenster,
wird eine Nadel dir, wie Jesum,
zu einem Vorhang gleich dem Schatz Qārūns.

Solch eine Nadel, meint Dschāmi einige Jahrhunderte später, ist wie ein Dorn im Fuß der *himma,* des hohen geistigen Strebens.[187] Auch die geringste Bindung an die Welt mit ihren Idolen kann für den Sucher höchst verderblich sein.

So wird die Geschichte von Jesu Nadel zu einem Topos in der Dichtung; unter den mittelalterlichen Dichtern kommt das Bild vor allem bei Chāqānī häufig vor, der in einem besonders schönen Vers seine nicht zu verwirklichende Absicht andeutet, die Welt zu verlassen:

Unser Schiff wollte von der Welt weggehen, aber für eine Woche machte ich Jesu Nadel zu seinem Anker.[188]

Dichter des siebzehnten Jahrhunderts sprechen manchmal von dieser Nadel und einem langen Faden, den sie dann mit »lang hingezogener Hoffnung« vergleichen; denn der wahre Sufi soll seine Hoffnung nicht auf etwas in der Zukunft Liegendes richten; er ist »der Sohn des Augenblicks«, der nie auf morgen hofft. So werden Jesu Nadel und der Faden die großen Gefahren auf dem mystischen Pfad.[189]

Die Nadel, die Jesus zum Verhängnis wurde, taucht auch in weltlicheren Zusammenhängen auf. Chāqānī zum Beispiel vergleicht die schlanke Taille der Geliebten mit der Nadel Jesu oder meint, dass er selbst so dünn geworden ist wie eine solche Nadel.[190]

187. Dschāmi: *Dīvān;* vergleiche Rūmī: *Dīvān,* Zeile 27055.

188. Chāqānī: *Dīvān,* Seite 630.

189. Ibid. Seiten 491, 791; auch Rūmī: *Dīvān,* Zeile 16671.

190. »Abgetragener als Jesu Nadel ist mein Körper, feiner als Marias Faden sind ihre/seine Lippen«, sagt Chāqānī in seinem *Dīvān,* Ghasel Seite 564; vergleiche auch seine Qasīda Seite 107.

Die Nadel wird dann gern mit der *rischta-i Maryam* verbunden, dem ganz feinen Faden, den Maria gesponnen hatte.

Denen mit blindem Herzen
übergebe ich Jesu Nadel nicht.
Denen, die den Vorhang zerreißen,
verkauf ich Maryams Faden nicht,[191]

heißt es bei Chāqānī, der auch im Gefängnis klagt:

Mein Körper ist zweifach [das heißt gezwirnt] wie Marias Faden,
mein Herz einfach wie Jesu Nadel.
Ich bin hier mit gebundenem Fuß gleich einem Faden,
so, wie eine Nadel Jesu Fuß fesselt.
Warum ist die Nadel ähnlich dem Auge des Daddschāl,
dass sie eine Zuflucht in Jesu Tasche fand?[192]

Das heißt, die Nadel ist einäugig wie der vor dem Jüngsten Tag erscheinende Daddschāl, den Jesus bei seiner zweiten Wiederkunft vernichten wird; die Nadel ist also gewissermaßen ein Symbol des zerstörerischen Bösen, der auch Jesus nicht in Frieden ließ.

In diese Bildsphäre gehört wohl auch die häufig zu findende Vorstellung, dass selbst Jesus, der Wunderheiler, das »blinde Auge« der Nadel (das heißt das Nadelöhr) nicht sehend machen kann.

Was sollen Nadel und Faden noch, wenn der Mensch vollkommene Vereinigung gefunden hat?

Wirf die Nadel Jesu fort, verbrenn' Marias Faden!
Es ist die Klause der Vereinigung;
die still Ruhenden haben keine Last![193]

So sagt Muḥammad 'Urfi (gestorben 1591), während Baqli in einem etwas verschlüsselten Ausspruch meint, das »belebte Haus« sei die Klause für diejenigen, »die mit der Nadel des Sohnes Marias ihre Kutte nähen«.[194]

191. Chāqānī: *Dīvān,* Seite 24.

192. Ghanī Kaschmīri in Aslah: *Tadhkirāi schu'arā-i Kaschmīr,* ed. Sayyid H. Rashdi, 5 Bände, Karachi 1967–68, Band II, Seite 991.

193. 'Urfi: *Kulliyāt,* ed. M. Jawahiri, Teheran 1957, Seite 317.

194. Baqli: *Sharh ash-shathiyāt,* Seite 165, § 510.

Jesus als Vorläufer Mohammeds

SOSEHR DIE MUSLIME JESUS VEREHREN UND ALS MUSTER DER Güte und Gottesliebe bewundern, wissen sie doch, dass er der Vorläufer Mohammeds war, denn wie bemerkt (siehe oben Seite 19) wurde das Wort *aḥmad* in Sure 61:6 als »Paraklet« aufgefasst, das heißt, der »Hochgelobte« ist von Jesus verkündet worden. Jesus, so gilt es für den Muslim, ist derjenige, der die Frohbotschaft von Mohammed bringt, wie es auch in Baqlis Werk aufgrund eines Ausspruches des Märtyrer-Mystikers Ḥallādsch betont wird.[195]

In der Hilya lesen wir die folgende Geschichte:

> Eine Frau ging an Jesus vorüber und sagte: »Gesegnet, gesegnet der Leib, der dich getragen hat, und die Brust, die dich gesäugt hat.«
>
> Jesus sagte: »Nein, vielmehr gesegnet sei der, welcher den Koran liest und dem folgt, was darin steht.«[196]

Auf die Rolle Jesu als des Verkünders der Wahrheit des Islams weist auch die von Quschairī in seinem Kapitel über Träume erzählte Anekdote hin, in der ʿAlī, der Vetter und Schwiegersohn des Propheten, als Sucher auftritt:

> ʿAlī sah Jesus im Traum und sagte: »Ich möchte mir einen Siegelring machen lassen. Was soll ich darauf schreiben?«
>
> Jesus sprach: »Schreibe darauf: ›Es gibt keinen Gott außer Gott, dem König, die reine Wahrheit [Sure 23:116].‹ Das ist nämlich der Schluss des Evangeliums.«[197]

Vielleicht die bewegendste Schilderung der Rolle Jesu findet sich in ʿAttars *Musībatnāma,* wo der Sucher in der vierzigtägigen Klausur in der sechsunddreißigsten Nacht die Vision Jesu hat und dann von seinem Meister über Jesu Rolle aufgeklärt wird; die Er-

195. Baqli: *Sharh ash-shathiyāt,* Seite 466.
196. Abū Nuʿaim al-Isfahānī: *Ḥilyat al-auliyā,* Band IV, Seite 119.
197. Quschairī: *Risāla fi't-taṣawwuf,* Kapitel *ru'ya* (Traum), Seite 52.

klärung schließt mit der schon früher erzählten Geschichte (siehe oben Seite 30) von Jesus und dem toten Hund; aber sie macht in den Jesus in den Mund gelegten Worten ganz klar, dass er den Sucher auf den künftigen Propheten hinweist, der hier, wie oft in der Literatur, als »Mustafa« bezeichnet wird.

Der Wand'rer, toten Herzens, Heilung suchend,
kam nun, halb tot schon, zu dem »Geiste Gottes«.
Er sprach: »Du, dessen Wesen reiner Geist,
dess' Zeichen ›Leben aus dem Leben‹ heißt;
in Ewigkeit Triumph und Sieg du ganz,
von Kopf zu Fuß Geist, absolut, du ganz!
Der Sonne Schein: Reflex nur deiner Seele;
du wäschst die Hand vom Lebenswasser selbst.
Dein Ort ist jenseits, fern von Leib und Wesen;
reiner als du ist niemand je gewesen.

Als des Barmherz'gen Odem dich erfüllte,
ward dir die Sonne und der Morgen Freund.
Die »Färbung Gottes« brachtest du herbei,
vom Fass der Einheit brachtest du sie her.
Die ›Färbung Gottes‹ wirkte so durch dich;
Aussätz'ge heilst du, gabst den Blinden Licht.
Ist deine Farbe ein Mysterium mir –
ich weiche nicht; ich brauche deinen Duft.
Du Seelenwelt: Gib eine Seele mir!
Ein Hund bin ich; gib einen Knochen mir!
Ich brenne hier im Wunsche nur nach Leben –
in dir ist Dienerstand sowohl wie Leben.
Ich kam; mach mich zu deinem Diener,
gib mir durch deinen reinen Hauch ein neues Leben!«

Für einen Hauch nun zögerte da Jesus,
ernüchterte durch seinen Hauch den Trunk'nen
und sprach: »Du musst dich reinigen vom Sein
und aus Zerstörtem hundert Bauten schaffen!
Werd' rein vom Wesen, von den Attributen,
damit du Reinheit findest und auch Rettung!
Bleibt nur ein Stäubchen ›Sein‹ auf deinem Wege,
so ist das Götzendienst auf deinem Wege.

Islamische Vision von Jesaja 21.6–9. Geschichtswerk des al-Birūni (973–1048). Universitätsbibliothek, Edinburgh.

Die Miniatur von Jesus und Mohammed auf ihren Reittieren aus der Bīrūnī-Handschrift betrifft die islamische Version einer Vision aus dem Buch des Propheten Jesaja, mit der die islamischen Theologen den christlichen Vorwurf widerlegten, dass im Alten Testament immer wieder das Kommen von Jesus, nicht aber das von Mohammed angekündigt werde. Al-Bīrūnī nach Jesaja:

> *Gott befahl ihm, einen Späher auf dem Wachtturm zu bestellen, der melden sollte, was er sah, und da sagte der: »Ich sah einen Mann auf einem Esel reiten, und einen Mann auf einem Kamel reiten, und einer von ihnen kam schreiend heran und sagte: ›Gefallen ist Babel, und seine Götzen sind zerschmettert!‹«*

Wenn du dem eig'nen Selbst entwerden willst,
brauchst du das Licht der Seele Mustafas,
damit durch seiner Seele Licht ein Fürst du werdest,
in Ewigkeit der Gnosis würdig werdest.
Ich, der als Künder für ihn einstmals kam,
hab' diese Frohbotschaft nicht ganz vollendet.
Zu seiner Tür geh'n – das ist frohe Botschaft;
sein Staub zu werden, das ist Reinigung!«

Der Wanderer kam nun zu seinem Meister
und er erzählte ihm, was er gehört.
Der Meister sprach: »Ja wirklich, Jesus ist
an Gnade, Güte, Reinheit musterhaft.
Weil er so ehrlich, sah er Gift als Heilkraut;
weil er so rein war, sah er alles rein!«[198]

Jesus in der Theosophie Ibn ʿArabīs

WAR JESUS FÜR DIE FRÜHISLAMISCHEN MYSTIKER UND ASKEten ein Modell asketischen Lebens, so war er in den Werken der mystischen Dichter, die alte Legenden übernahmen und ausschmückten, das Vorbild für die Menschen in Güte und Reinheit, während er in der Dichtung im Allgemeinen zum Symbol des Geliebten wurde, der durch seinen erhofften Kuss dem vor Sehnsucht halbtoten Liebenden neues Leben einhaucht, aber auch zum Geist, der mit dem vergänglichen materiellen Leib kontrastiert wird.

In den hochfliegenden theosophischen Spekulationen Muḥyīddīn Ibn ʿArabīs aber nimmt er einen besonderen Platz ein.

Ibn ʿArabī, 1165 in Murcia geboren und nach langen Wanderungen 1240 in Damaskus gestorben, hinterließ, abgesehen von Hunderten kleinerer Werke, zwei Hauptschriften, die *Futūḥāt al-Makkiyya* (die »Mekkanischen Eröffnungen«), in denen er in 560 Kapiteln jene Offenbarungen mitteilt, die er in einem Moment der

198. ʿATTAR: *Musībatnāma,* Kapitel 36, Einleitung.

Erleuchtung beim Umwandeln der Kaaba in Mekka empfangen hatte, und die *Fuṣūṣ al-Ḥikam* (die »Ringsteine der Weisheitsworte«),[199] die, vom Propheten Mohammed selbst inspiriert, Auslegungen der speziellen Stellung jedes der Mohammed vorausgehenden siebenundzwanzig Propheten enthalten, deren Lehre dann mit Mohammed, dem abschließenden Gottesgesandten und »Siegel der Propheten« vollendet wurde.

Jesus spielt eine außerordentlich wichtige Rolle in diesem komplizierten System, wie sich aus den Ibn ʿArabī in jüngster Zeit gewidmeten Studien erschließen lässt. Seine Biografie von Claude Addas, *La quête du soufre rouge,* »Die Suche nach dem Roten Schwefel« (der wichtigsten Ingredienz in der Alchimie), kommt immer wieder auf Jesu Rolle für den großen mystischen Denker zurück, und es wäre zu wünschen, dass Claude Addas oder ihr Vater, Michel Chodkiewicz, einmal ein zusammenfassendes Werk über die Rolle Jesu und Marias verfassen würden, einem Thema, das in ihren Werken immer wieder anklingt.

Hier können nur einige wichtige Punkte hervorgehoben werden. Dabei ist das Kapitel über Jesus in den *Fuṣūṣ al-Ḥikam* besonders lesenswert, obgleich es von zahlreichen theoretischen Bemerkungen durchdrungen ist. Im Folgenden sind die zentralen Sätze übersetzt:

Vom Wasser Marias oder Gabriels Hauch,
in Gestalt eines Menschen, geschaffen aus Ton,
so formte der Geist sich im Wesen, gereinigt
von aller Natur, die genannt wird *sidschīn* (Gefängnis).
Deswegen währte sein Bleiben so lange
auf Erden, wohl tausend Jahre und mehr.
Ein Geist von Gott und von anderen nicht,
so belebte er Tote, schuf Vögel aus Ton,
bis dass er verbunden ganz mit seinem Herrn
und wirkte durch Ihn in der Tiefe, der Höhe.
Gott reinigte ihn im Leibe und klärt' ihn
im Geist und macht' ihn gleich Sich im Erschaffen.[200]

199. Auf Deutsch, nach der Übersetzung von Titus Burckhardt, als: Muḥyīddīn Ibn ʿArabī: *Die Weisheit der Propheten – Fuṣūṣ al-Ḥikam,* Zürich: Chalice Verlag, 2005 [A.d.H.].

200. Vergleiche ibid. Seite 92.

201. Vergleiche ibid. Seite 93–94.

So beginnt das Kapitel über Jesus, und der wichtigste Punkt, auf den Ibn ʿArabī immer wieder zurückkommt, ist die Tatsache, dass Jesus durch das in ihn gelegte Wort Gottes, den Geist Gottes, seine Wunder vollbrachte – wie ja auch im Koran immer wieder darauf hingewiesen wird, dass er Kranke heilte und Tote belebte »mit Erlaubnis Gottes«.

> Als sich der getreue Geist, das ist Gabriel, Maria als »wohlgestalteter Mensch« darstellte [vergleiche Sure 19:17], bildete sie sich ein, er sei ein Mann, der mit ihr schlafen wollte. Da bat sie Gott um Schutz vor ihm, ganz und gar, damit Gott sie von ihm befreie, weil sie wusste, dass solches nicht erlaubt ist. So erfuhr sie völlige Gegenwart mit Gott, und das ist der »unsichtbare Geist«. Hätte dieser in dem Augenblick in sie gehaucht, als sie in diesem Zustand war, dann wäre Jesus so erschienen, dass ihn keiner hätte ertragen können wegen seiner harten Natur, [die sich aus dem] Zustand seiner Mutter [erklärt]. Aber als er zu ihr sagte: »Ich bin nur ein Gesandter deines Herrn«, ich kam, »um dir einen reinen Knaben zu schenken« [Sure 19:19], da entspannte sie sich von diesem Zusammengepresstsein und ihre Brust weitete sich. In diesem Augenblick hauchte er ihr Jesus ein. Gabriel übertrug Gottes Wort an Maria, so wie der Prophet das Wort Gottes an seine Gemeinde überträgt. Das ist Seine Rede »und Sein Wort, Er legte es in Maria, und Geist von Sich« [4:171] Da erwuchs Lust in Maria, und der Leib Jesu wurde aus dem wirklichen Wasser Marias und dem hypothetischen Wasser Gabriels geschaffen [...] und er erschien in menschlicher Gestalt seiner Mutter wegen und weil Gabriel sich in menschlicher Gestalt manifestiert hatte, und diese Schöpfung in menschlicher Art geschah nach gewohnter Anordnung. [...]
>
> Und Jesus zeigte sich und belebte die Toten, weil er Göttlicher Geist war, denn das Beleben gehört Gott und der Hauch Jesus, so wie einst der Hauch Gabriel gehört hatte und das Wort Gott. Dass Jesus die Toten erweckte, war ein wirkliches Beleben, insofern es sich durch seinen Atem zeigte, so wie er aus der Form seiner Mutter erschien. Doch war das Beleben auch hypothetisch, da es ihm zuzukommen [schien], in Wirklichkeit aber nur von Gott kam.[201] [...]

> Jesus ging in Demut so weit, dass seiner Gemeinde befohlen wurde: »Zahlet die Sondersteuer vollkommen, euch erniedrigend« [Sure 9:29], und jemand, dem man auf eine Wange schlägt, soll auch die andere Wange hinhalten und nicht zurückschlagen oder Vergeltung suchen. Das kommt zu ihm von Seiten seiner Mutter, denn die Frau ist niedrig, und sie ist demütig, weil sie dem Mann virtuell und gefühlsmäßig untersteht.[202] [...]
>
> Aber die Kraft zur Belebung und Lossprechung (*ibrā*), kommt daher, dass Gabriel in Gestalt eines Mannes in sie hauchte. Und Jesus belebte menschliche Tote. Wäre Gabriel nicht in menschlicher Gestalt gekommen, sondern in einer anderen Gestalt aus den Elementarwesen – Tieren, Pflanzen oder Mineralien –, dann hätte Jesus nur das auferwecken können, was sich in solcher Gestalt zeigte. Und wäre Gabriel in seiner lichtvollen Gestalt außerhalb von Elementen und Substanzen erschienen und nicht aus seiner [himmlischen] Natur herausgegangen, dann hätte Jesus die Toten nur in dieser lichtvollen natürlichen Form beleben können, aber nicht in der aus Elementen bestehenden Form in menschlicher Gestalt [, die er von] seiner Mutter [erhalten hatte]. Und manches Mal hatte man gesagt, wenn er die Toten belebte: »Er und nicht er«. [Das heißt, er tut es scheinbar, aber in Wirklichkeit tut Gott es, sodass der eigentlich Handelnde verborgen bleibt.][203]

Das Kapitel führt die Rolle Jesu noch theoretisch weiter aus; doch für den gelehrten Autor war Jesus noch mehr, als man aus seinen Worten in den *Fuṣūṣ al-Ḥikam* erkennt: Jesus war sein erster wirklicher geistiger Lehrer, und er schreibt: »Ich wandte mich um [das heißt, ich brach in Reue mit meinem bisherigen Leben] durch und in seiner Hand (*ʿalā yadihi*)«, das heißt, Jesus war der eigentliche geistige Meister, dem er den Treueid in die Hand schwur, und so in den Weg des Glaubens initiiert wurde. Der junge Sucher erzählt dann:

> Er betete für mich, dass ich in der Religion in dieser und der nächsten Welt beständig bliebe, und er nannte mich seinen

202. Vergleiche ibid. Seite 95.

203. Vergleiche ibid. Seite 96.

geliebten Freund; und er befahl mir, Askese und Isolation zu üben.[204]

Ibn 'Arabī empfand, dass dieser sein erster geistiger Meister »unendlich liebevoll« zu ihm war und ihn »nicht einen Augenblick vernachlässigte«, und er fühlte deutlich, dass er unter dem Schutz von Jesus, Maria und Mohammed stand.

Wundersame Dinge geschahen ihm nach seinem eigenen Zeugnis dank dem geistigen Einfluss Jesu; er erreichte sogleich den mystischen Standplatz von Qadīb al-Bān, einem legendären Gottesfreund, der die verschiedensten Gestalten annehmen konnte.

Aber nicht nur die direkte Verbindung mit Jesus prägte Ibn 'Arabī. Einer der einflussreichsten geistigen Führer, der in Ibn 'Arabīs Entwicklung eine wichtige Rolle spielte, war der illiterate al-'Uryabī – auch bei ihm erkannte der junge Sucher, dass er »zu Füßen Jesu« lebte. Und noch mehr! Bei der Pilgerfahrt nach Mekka wurde ihm klar, dass *ar-rukn al-yamānī,* die südöstliche Ecke der Kaaba, geistig dem gehört, der »am Herzen Jesu« ist – und wer die zentrale Rolle der *rukn al-yamānī* in der islamischen Tradition kennt, versteht, was diese Zuschreibung bedeutet. In Mekka erfuhr Ibn 'Arabī auch, dass Jesus die vollkommenste Manifestation der »Mohammed-Heiligkeit« ist – jeder Prophet nimmt ja an einem bestimmten Aspekt des abschließenden Propheten Mohammed teil –, und wenn Mohammed nach dem Koran das »Siegel des Prophetentums« ist, dann erscheint Jesus (und abgeleitet davon also auch sein enger Freund Ibn 'Arabī) als »Siegel der Gottesfreundschaft«. Besonders aufschlussreich ist in dieser Verbindung eine Vision Ibn 'Arabīs, der in der *'ālam al-mithāl,* der *mundus imaginalis,* den Propheten Mohammed erblickte. Rechts von ihm stand sein erster Nachfolger, Abū Bakr, links von ihm sein zweiter Nachfolger, der gestrenge 'Omar; auch der dritte und der vierte Kalif, 'Uthmān ibn 'Affān und 'Alī ibn Abī Ṭālib, waren anwesend. Aber das »Siegel« (der Heiligkeit), Jesus, saß mit gekreuzten Beinen vor ihm und sprach über die Geschichte der Frauen. Der Prophet, so sah es Ibn 'Arabī, erblickte ihn (Ibn 'Arabī) hinter dem »Siegel« (Jesus), »weil sein und mein Status so ähnlich sind«, und er sagte:

204. Muḥyīddīn Ibn 'Arabī: *Futūḥāt al-Makkiyya,* ed. O. Yahia, Kairo 1972, II:49 und 12:123. Vergleiche auch Stephen Hirtenstein: *Der grenzenlos Barmherzige – Das spirituelle Leben und Denken des Ibn 'Arabī,* Zürich: Chalice Verlag, 2008, Seite 86 [A.d.H.].

»Dieser Mann ist dir gleich, und er ist dein Sohn und dein Freund.«[205]

Solche nicht gerade bescheidenen Visionen scheinen typisch für Ibn ʿArabī mit seinen allumfassenden geistigen Ansprüchen, wenngleich sie einem nüchternen Leser – sei er Muslim oder Christ – doch nicht ganz akzeptabel erscheinen.

Für Ibn ʿArabī ist Jesus ein »echter Mohammedaner«; deswegen wird er am Ende der Zeiten wiederkehren und, wie bereits bemerkt, die Menschen nach der Tradition Mohammeds richten. Gott wird durch ihn die »größere Gottesfreundschaft« besiegeln: »Er ist Gottes Geist und Gottes Wort, und die Worte der wahren Wirklichkeit werden niemals erschöpft.«

So erscheint Jesus in dem Gedankengebäude des großen mittelalterlichen Denkers in der Tat als das, was das Johannesevangelium aussagt: Er ist der Logos, ist wesenhaft Wort und Odem Gottes und damit der reine Geist.

Merkwürdigerweise traf Ibn ʿArabī bei seinem Himmelsaufstieg Jesus wie auch Johannes den Täufer im zweiten Himmel, nicht, wie in anderen Traditionen, im vierten (wo er Idrīs, ebenfalls lebendig in den Himmel aufgenommen, lokalisiert). Jesus erzählt dabei dem Besucher, dass seine Fähigkeit, Tote zu beleben, aus seiner geistigen Natur käme, die er von Gabriel erhalten hatte, als dieser seiner Mutter Maria erschien; diese Gedanken sind dann in dem schon zitierten Kapitel der *Fuṣūṣ al-Ḥikam* theoretisch weiter ausgebaut.

Jesus im Traum

EINE BEKANNTE ÜBERLIEFERUNG BERICHTET, DASS DER Prophet Mohammed im Traum Jesus gesehen habe, den er als überaus schöne, lichtvolle Gestalt beschrieb, während ihm der Daddschāl, der eschatologische Gegenspieler Jesu, als hässliche Figur erschien.

205. Vergleiche STEPHEN HIRTENSTEIN: *Der grenzenlos Barmherzige,* Seite 233 [A.d.H.].

Wenn der Prophet selbst so positiv von Jesus träumte, ist es natürlich, dass Erscheinungen Jesu auch in der Traumdeutung eine Rolle spielen. Gegenüber den knappen Bemerkungen in den klassischen Sammlungen, die dem 728 verstorbenen Ibn Sīrīn zugeschrieben werden und dem jüngeren Ibn Schāhīn (gestorben 1468), hat das große alphabetisch geordnete Traumlexikon des arabischen Sufis ʿAbd al-Ghanī an-Nābulusī (gestorben 1731) dem Traum von Jesus einen langen Abschnitt gewidmet.[206] Seine Auslegungen scheinen mir trotz gewisser Wiederholungen interessant genug, sie in Übersetzung vorzulegen, weil sie zeigen, wie der fromme Muslim sich Jesus vorstellt und welche Ideale er mit ihm verbindet; die Heilkunst steht dabei im Zentrum:

> Jesus – Gott segne ihn und gebe ihm Heil! Wenn jemand ihn im Traum erblickt, so ist er ein gesegneter Mensch mit viel Gutem und vielen Reisen, die er zu Gottes Wohlgefallen ausführt; er wird ein zur Askese neigender Frommer, der mit wenigem zufrieden ist und dem Kenntnis der Heilkunde geschenkt wird.
>
> Man sagt, wer Jesus im Traum sehe, den werde in jenem Jahr nichts Widerwärtiges treffen, und wenn er etwas erstrebe, so werde er es erlangen und werde darin geschickt sein.
>
> Wer Jesus im Traum sieht, wird ein Asket, wandernd auf Erden, und wird vor allem, was man fürchtet, gerettet werden. Und wer ihn oft sieht, dem wird das Wissen von der Heilkunst geschenkt, und man wird seinesgleichen in seiner Zeit nicht finden. Und wer ihn in einer Stadt oder einer Moschee sieht, wie er die Leute darin ansieht – wenn die sich in einer schlimmen Lage oder einer Heimsuchung befinden, werden sie daraus gerettet, weil er der Geist Gottes und Gottes Barmherzigkeit ist; und wenn sie heil und gesund sind, bleibt das so. Und wenn seine Mutter mit ihm zusammen ist, so ist das ein gewaltiges Gotteszeichen, das sich an jenem Ort manifestieren wird.
>
> Und wer sieht, dass er sich in Jesu Gestalt verwandelt oder eines seiner Gewänder anzieht, dann befasst er sich mit dessen Angelegenheit, wie es richtig für ihn ist: Wenn er ein

206. ʿAbd al-Ghanī an-Nābulusī: *Taʿṭīr al-anām fi taʿbīr al-manām,* Kairo o.J., II, Seiten 75–76.

Machthaber ist, dann wird seine Macht noch größer, und wenn er ein Gelehrter oder Gottesdiener ist, dann wird er reichen Nutzen haben und seine Tugenden werden offenbar werden; wenn er Arzt ist, so wird er berühmt und hat großen Erfolg. Und wenn jemand ihn im Traum sieht, der etwas fürchtet, so wird er sicher sein. Sein Anblick deutet auf Ehre und Segensmacht, und wenn ein Kranker ihn sieht, wird er gerettet und findet Genesung, aber wenn du siehst, dass er selber krank ist, deutet das auf den Tod.

Ihn im Traum zu sehen, deutet darauf hin, dass etwas erscheinen wird, über das die Leute staunen, und darauf, dass Gerechtigkeit und Wohlfahrt eintreten werden.

Wenn eine schwangere Frau von Jesus träumt, wird sie einen Knaben gebären, der Arzt wird.

Der Anblick Jesu im Traum deutet [aber auch] auf Glaubenszweifel und Unterschied in der Rede hin; denn die Juden sagten: »Wir haben ihn getötet und gekreuzigt«, und Gott sagt: »Nicht haben sie ihn getötet und nicht gekreuzigt« (Sure 4:157), und die Christen sagen: »Der Messias ist der Sohn Gottes«, und Gott sagt: »Gott hat Sich keinen Sohn zugelegt« (Sure 19:35).

Manchmal deutet sein Anblick im Traum darauf hin, dass Leute aus seiner Religionsgemeinschaft auftauchen; und wenn der Träumende ein Handwerker ist oder jemand, der sich mit Medizin befasst, so hat er Nutzen davon, und seine Angelegenheiten werden leicht, und er profitiert von seinem Beruf. Manchmal war der Träumende einem Verdacht ausgesetzt und wird dann davon befreit, und manchmal hat man über ihn oder seine Mutter Lügen erzählt. Wenn man ihn mit seiner Mutter sieht, so weist das darauf hin, dass in der Stadt, wo man die beiden sieht, ein Gotteszeichen erscheinen wird. Manchmal deutet der Anblick der beiden im Traum auch auf Sorgen und unangenehme Ereignisse und Verleumdung wegen Unzucht hin, oder aber auf Bewegung von einem Ort zu einem anderen; manchmal deutet der Traum von den beiden auf die Erscheinung wundersamer Dinge.

Manchmal weist der Traum von Jesus auf eine gute Nachricht hin, weil er das Kommen unseres Propheten verkündet hat, und manchmal auf Zorn und Härte gegen die Großen, weil diejenigen, die den »Tisch« haben wollten [vergleiche

Sure 5:112f], nicht an [sein Erscheinen] und an Jesus glaubten. Da wurden sie in Schweine verwandelt, so wie die Anhänger Mosis, die das Sabbatgebot übertraten, in Affen verwandelt wurden. Manchmal deutet der Traum auf außerordentlich großes Glück von Seiten der Gefährten und Schüler [des Träumenden] hin.

Wenn ein kleines Kind Jesus im Traum sieht, wächst es als Halbwaise auf und wird im Schoß seiner Mutter aufgezogen und wird als frommer, gelehrter Mensch leben. Ein Traum von Jesus deutet auf das Hin-und-Herziehen von Ägypten nach Syrien und umgekehrt hin.

Wenn ihn jemand sieht, der noch ganz unbekannt ist, deutet das auf einen guten Ausgang [seiner Arbeit] hin, weil Jesus am Ende der Zeiten vom Himmel herabkommen, den Daddschāl töten und die Erde mit Gerechtigkeit und Billigkeit erfüllen wird, wie sie jetzt von Ungerechtigkeit und Tyrannei erfüllt ist. Und wenn Jesus im Traum zu einem Ort niedersteigt, deutet das darauf hin, dass dort Gerechtigkeit herrschen und Segen erscheinen wird, dass die Ungläubigen verderben und die Gläubigen siegen werden.

Die Jungfrau Maria

WER IN DER KLAUSE DES UNSICHTBAREN KONTEMPLIERT, wird wie Maria vom Odem des Heiligen Geistes schwanger mit dem Jesus Seiner Liebe.[207]

So sagt der persische Mystiker Ruzbihan-i Baqli und deutet damit an, wie Maria in der islamischen Tradition zum Symbol der menschlichen Seele geworden ist, der Seele, die durch die Gnade Gottes die höchste Weisheit wundersam gebären konnte.

Aber nicht nur in der mystischen Tradition, sondern in der allgemeinen Überlieferung und Frömmigkeit spielt Maria eine wich-

207. BAQLI: *Sharh ash-shathiyāt,* Seite 382.

tige Rolle – bis heute kann man sehen, wie fromme Türken das angebliche Mariengrab auf dem Bülbüldaghi nahe Ephesos andachtsvoll besuchen. Der Koran nennt sie als einzige Frau mit Namen, und zahlreiche Überlieferungen preisen sie, ebenso wie ihr Name in der Literatur immer wieder auftaucht; und eine vorzügliche Frau konnte, vor allem im Herrscherhaus der Mogule in Indien, mit dem Ehrentitel *Maryam-zamānī,* »die Maria ihrer Zeit«, ausgezeichnet werden, einem Titel, den übrigens schon Chāqānī für die Damen des Hauses des Schirwanschahs verwendete. In einer von dem strengen Theologen Ibn Ḥanbal (gestorben 855) überlieferten Tradition wird Maria als eine der vier besten Frauen, die je gelebt haben, bezeichnet, und ihre hohe Stellung wird noch unterstrichen in den Heiligen-Biografien ʿAttars, den *Tadhkirat al-auliyā,* wo es heißt, dass am Jüngsten Tag Gott die Menschen ins Paradies eintreten lassen wird und ausruft: *Yā'r-ridschāl!* (»Oh Männer!«), und der erste Mensch, der eintritt, wird Maria sein,[208] denn sie ist höher als alle anderen Menschen, Männer und Frauen.

Hatte Gott sie nicht auserwählt, *istafā* (Sure 3:42) und damit über alle Frauen der Welt gesetzt? Wie schon erwähnt, sind sie und ihr Sohn Jesus der Überlieferung nach als einzige Menschen nicht bei ihrer Geburt vom Teufel berührt worden (siehe oben Seite 29).

Ihr hoher Rang und die Wunder, die über sie berichtet werden – von ihrer geheimnisvollen Speisung in ihrer Zelle bis zu ihrem Schweigen – sind von den Theologen lange diskutiert worden. Sind ihre Wunder Huldwunder (*karamāt*), wie sie den Heiligen zukamen, oder Prophetenwunder (*muʿdschizāt*)?

Ist Maria eine Heilige (*waliyya*), oder hat sie sogar den Rang einer *nabiyya,* einer Prophetin, die allerdings keine gesetzgebende Gewalt hat wie ihr Sohn Jesus, der *rasūl,* Gottgesandter, ist? Die meisten Theologen lehnen die Möglichkeit ab, dass sie Prophetin gewesen sei, aber ein strenger Denker wie Ibn Ḥazm (gestorben 1064) in Spanien erkannte ihr die Prophetenwürde zu.[209]

Der Koran berichtet ausführlich über die Vorgeschichte der Geburt Jesu:

208. ʿAttar: *Tadhkirat al-auliyā,* ed. E.G. Browne, 2 Bände, London und Leiden 1905, 1907.

209. Richard Gramlich: *Die Wunder der Gottesfreunde,* Seite 75ff.

> [Gedenke], da das Weib 'Imrāns betete: »Mein Herr, ich gelobe Dir, was in meinem Schoße ist, zu eigen; nimm es von mir an. Wahrlich, Du bist der Hörende und Wissende.«
>
> Und als sie es geboren hatte, sprach sie: »Siehe, mein Herr, ich habe es als Mägdlein geboren.« Und Gott wusste wohl, was sie geboren hatte, denn ein Knabe ist kein Mägdlein. »Und ich habe es Maria genannt, und ich befehle sie und ihren Samen Deiner Hut an vor dem gesteinigten Satan.«
>
> Und so nahm Gott sie huldreich von ihr an und ließ sie wachsen in holdem Wachstum, und es pflegte sie Zacharias. So oft Zacharias zu ihr in die Zelle trat, fand er Speise bei ihr. Da sprach er: »Oh Maria, woher ist dir dies?« Sie sprach: »Es ist von Gott, siehe, Gott versorgt, wen Er will, ohne zu rechnen« (Sure 3:35–37).

Der Raum, in dem das Kind Maria aufwuchs, war der Überlieferung nach eine Zelle im Tempel zu Jerusalem; sie wird im Koran als *miḥrāb* bezeichnet, ein Wort, das sonst auf die Gebetsnische in der Moschee angewendet wird. Aus diesem Grund findet man diesen Koranvers häufig um die Gebetsnische einer Moschee geschrieben. Was Zacharias bei der Jungfrau fand, waren Zeichen des künftigen Propheten Jesus, der »Sommerfrüchte im Winter, Winterfrucht im Sommer« erscheinen ließ.[210]

Zacharias, den das Los zum Pfleger Marias bestimmt hatte und der auch ihr Verwandter war, rief dann zu Gott, ihm ein Kind zu schenken, und als er die frohe Botschaft der Engel bezweifelte, die ihm und seinem unfruchtbaren Weib einen Sohn verhießen, wurde ihm ein dreitägiges Schweigegelübde auferlegt. Dann aber folgt die Erzählung, wie die Engel zu der jungen Maria kommen und sie anreden:

> »Oh Maria, siehe, Gott hat dich auserwählt und hat dich gereinigt und hat dich erwählt vor den Frauen der ganzen Welt.
>
> Oh Maria, sei andachtsvoll zu deinem Herrn und wirf dich nieder und beuge dich mit denen, die sich beugen (3:41–42). [...]
>
> Oh Maria, siehe Gott verkündet dir ein Wort von Sich. Sein Name ist der Messias, Jesus, Sohn der Maria, angesehen

210. Ibid. Seite 39, aufgrund einer schiitischen Quelle.

> hienieden und im Jenseits und einer der Gott Nahegebrachten.
>
> Und reden wird er mit den Menschen in der Wiege und in der Vollkraft, und er wird einer der Rechtschaffenen sein.«
>
> Sie sprach: »Woher soll mir ein Sohn werden, wo mich kein Mann berührt hat?« Er sprach: »Also schafft Gott, was Er will. Wenn Er ein Ding beschlossen hat, so spricht Er zu ihm nur ›Sei!‹, und es ist« (3:45–47).

Dann folgt die Rede Jesu über seine Rolle in seinen unter den Kindern Israel durch Gottes Kraft gewirkten Wunder.

Maria, »die ihren Schoß keusch hielt« (21:91) und die »eine der Demütigen war« (66:12), hatte gelobt, Jungfrau zu bleiben, aber dann erschien ihr, wie der Koran berichtet, Gabriel als »makelloser Mann« (19:17). Die schönste Schilderung dieses Ereignisses bietet Rūmī im *Masnawī:*

Maria sah in ihrem Baderaum,
   wie eine Form, berückend und entzückend,
entwuchs vor ihr dem Boden: Gabriel,
   der treue Geist, wie Mond und Sonne strahlend,
ein Schöner, schleierlos: wie der Moment,
   da sich die Sonne hebt im Orient.
Ein Zittern überkam Marias Glieder,
   denn sie war nackt und hatte Angst vor Schande.
Ja, könnte Yusuf diesen Schönen schauen,
   er schnitt' sich in die Hand, wie einst die Frauen!
Er wächst gleich einer Rose aus dem Rasen,
   gleich einem Traumbild, das dem Herz entspringt.
Maria sank entselbstet hin und sagte:
   »Ich werfe mich in Gottes Schutz allein!«
Denn so gewöhnt war jene Unberührte,
   dass sie die Last zum Unsichtbaren führte;
da sie erkannt: die Welt hat keine Dauer,
   nahm klug sie sich nur Gott als Burg und Mauer,
dass sie beim Tode eine Festung hätte,
   dass ihr der Feind den Weg zum Ziel nicht sperre.

Nach einer Abschweifung fährt er in der Erzählung fort:

»Verbirg dich nicht vor solchem Ganz-Vertrauten!«
So sprach er, und von reinem Licht ein Strahl
stieg ihm vom Mund zum höchsten Himmelssaal.
»Du willst von meinem Sein zum Nicht-Sein fliehen –
Ich bin im Nicht-Sein Fürst und Fahnenträger.
Im Nicht-Sein ist mein Heim und meine Wohnung,
und vor der Jungfrau zeigt sich nur mein Bild.
Bin Neumond und ein Traum in deinem Herzen,
und setzt der Traum im Herzen sich dann fort,
ist er mit dir, wohin du immer fliehst;
nur nicht das falsche, wesenlose Bild,
das wie das falsche Morgenlicht versinkt.
Der wahre Morgen ich, von Gottes Licht,
dess' hellen Tag nie eine Nacht umflicht!«[211]

Maria glaubte den Worten des Engels, ohne ein weiteres Zeichen von ihm zu verlangen, anders als Zacharias, der am Wort des Gottesboten zweifelte. Das stellt sie höher als andere Menschen, denn, vollkommen auf Gott ausgerichtet, glaubte sie in fraglosem Staunen – so wird das *fiat* der Jungfrau in der islamischen Tradition ausgedrückt. In beiden Fällen aber – der Erhörung von Zacharias' Gebet und der Jungfrauengeburt – zeigt sich die Macht Gottes, etwas zu schaffen, ohne sekundärer Ursachen zu bedürfen: Sein schöpferisches Wort ist entscheidend.

Der Koran erwähnt die Verwandtschaft von Jesus und Johannes, dem Sohn des Zacharias; aber es scheint, dass nur Rūmī eine Szene besungen hat, in der die Begegnung von Maria und Elisabeth, der Mutter des Johannes, während ihrer Schwangerschaft erzählt wird. Dass er dabei die Einwände der Zweifler zurückweist, die nichts von einer solchen Begegnung im Koran oder der Tradition finden konnten, dürfte für die Originalität seiner Erzählung sprechen, an deren Schluss er auf den inneren Sinn hinweist; die geistige Begegnung und das geistige Schauen ist das Wichtigste.

Zu Maria sprach Johannes' Mutter
ganz verstohlen, eh sie ihn gebar:

211. Rūmī: *Masnawī,* Band III, Zeile 3700ff.; vergleiche Rūmī: *Dīvān,* Zeile 2807: »Wenn deine Seele einen Augenblick im Vorhang Seiner Liebe badet, siehst du, dass sie wie Maria von einem Hauch einen Jesus gebären wird.«

»Ich sah's deutlich; in dir ist ein König;
zu den größten der Propheten zählt er,
denn als ich dir gegenüberstand,
neigte sich das Kind in meinem Leibe.
Dieses Ungebor'ne neigte sich vor deinem
so tief, dass im Leib ich Schmerz empfand.«
Maria sprach: »Auch ich empfand im Innern,
dass sich in mir das Kind gebeuget hat.« [...]
Einwand:
Die Toren sagen: »Schreib nicht diese Fabel;
das ist ja alles nichts als Lug und Trug.
Die schwangere Maria war mit niemand,
sie ließ die Stadt und kehrte nicht zurück.
Die Holde war ja außerhalb der Stadt
und kehrte erst nach der Geburt zurück!
Denn als sie ihn geboren hatte, nahm sie
ihn auf den Arm und brachte ihn nach Hause.
Wie konnte da die Mutter des Johannes
sie sehen, dass sie solches dann erzählt?«
Widerlegung des Einwands:
Wisst, dass für die mit inspiriertem Wissen
auch das Verborg'ne gegenwärtig ist,
und vor Maria konnte so erscheinen
Johannes' Mutter, sei sie fern dem Blick auch.
Geschloss'nen Auges kann den Freund man sehen,
macht man die Haut durchsichtig wie ein Netz.
Und säh sie's nicht von außen noch von innen,
begreife der Geschichte Sinn, du Dummkopf![212]

Über die Länge der Schwangerschaft Marias gibt es verschiedene Traditionen. Es scheint, dass man sie meist auf sechs Monate ansetzte, aber manche mystisch gesonnenen Exegeten sprechen von einer noch kürzeren Zeit, ja von einer fast unmittelbaren Folge der Geburt nach der Verkündigung, da der Koran nicht spezifiziert, wie die Jungfrau die Zeit verbrachte, bevor sie das Nahen der Geburt spürte. Das immer wieder beschworene Ereignis in der koranischen Erzählung ist, dass sie in ihren Wehen den Stamm eines dürren Palmbaums ergriff, der dann süße Datteln über sie

212. Rūmī: *Masnawī*, Band II, Zeile 3604ff.

schüttete, und dieses Wunder ist zentral in der Überlieferung. Die »Belebung« des dürren Baumes wird gern parallel gesetzt mit der Tatsache, dass die unfruchtbare Frau des Zacharias ein Kind – einen Propheten (denn das ist Johannes nach islamischer Auffassung) – gebären konnte; wiederum Hinweise auf das unerklärliche Wirken Gottes.

Maria wird in der mystischen Überlieferung zum Symbol der reinen Seele oder auch des reinen Herzens, das vom Gottesgeist schwanger wird. In einem interessanten Vers vergleicht Rūmī die Gabe, die aus dem Unsichtbaren zu ihr kam, das heißt Jesus, mit dem *amāna,* dem von Gott dem Menschen anvertrauten Pfand, das in Sure 33:72 erwähnt ist: der Göttliche Geist, inkarniert, den nur der Mensch empfangen konnte.

Rūmī, wie alle anderen Exegeten, weiß auch, dass etwas Bestimmtes notwendig ist, um Maria, das Menschenherz, mit Jesus schwanger werden zu lassen; und das sind Kummer, Gram und Sorge:

> Wenn zum Herzen der Bote Kummer
> wie Gabriel kommt,
> wird der Gedanke schwanger mit zweihundert Jesus.[213]

Rūmī liebt dieses Bild, und unter seinen Versen ist vielleicht am schönsten seine Aussage:

> Wenn der Schatz »Kummer um Seinetwillen«
> in deinem Herzen ist,
> dann wird das Herz »Licht über Licht«[214]
> so wie die liebliche Maria,
> die Jesus in ihrem Leibe trägt.[215]

213. RŪMĪ: *Dīvān,* Zeile 24 406.

214. Aus der Sure 24:35, dem berühmten »Lichtvers« mit dem Wortlaut: »Allāh ist das Licht der Himmel und der Erde. Das Gleichnis Seines Lichtes ist das einer Nische, in der eine Lampe ist. Die Lampe ist in einem Glas. Das Glas ist, als wäre es ein funkelnder Stern. Ihr Brennstoff kommt von einem gesegneten Baum, einem Ölbaum, weder östlich noch westlich, dessen Öl beinahe schon Helligkeit verbreitete, auch wenn das Feuer es nicht berührte. Licht über Licht. Allāh führt zu Seinem Licht, wen Er will. Allāh prägt den Menschen die Gleichnisse, und Allāh weiß über alles Bescheid« [A.d.H.].

215. Ibid. Zeile 5990.

Maria ergreift bei der Geburt Jesu die Dattelpalme. Vermutlich von dem persischen Maler Qazvinī (um 1560). Chester Beatty Library, Dublin

Noch deutlicher hat Rūmī diesen Gedanken von der Notwendigkeit des Schmerzes in seinem Prosawerk *Fīhi mā Fīhi* ausgedrückt, in dem er ein halbes Jahrhundert vor Meister Eckhart das Gleichnis von der Geburt Jesu in der Seele prägte:

> Der Leib ist wie Maria. Jeder von uns hat einen Jesus, aber ehe in uns kein Schmerz sich zeigt, wird unser Jesus nicht geboren. Wenn der Schmerz niemals kommt, geht Jesus zu seinem Ursprung zurück auf demselben Weg, wie er gekommen war, und wir bleiben beraubt und ohne Anteil an ihm zurück.[216]

Auch im Zusammenhang mit den süßen Datteln ist es das Motiv des Schmerzes, das zentral ist, besonders bei Rūmī. Hätte Maria nicht den bitteren Schmerz der Geburtswehen gespürt, hätte sie nicht solch eine süße Gabe empfangen. Dies gilt auch für das Gebet, in dem der Mensch seine Schmerzen ausdrückt:

> Er lässt die trockene Saat des Gebetes
> sich in eine wunderbare Dattelpalme wandeln,
> wie Maria in ihren Wehen
> durch einen Regen von Datteln erfrischt wurde.[217]

Es ist das Wunder der Belebung, wie es Chāqānī in einem Lobgedicht auf eine Fürstin andeutet:

> Ich bin die Palme und du Maria,
> ich bin Lazarus und du Jesus.
> Die Palme wurde dank dir frisch,
> und Lazarus empfing von dir Leben.[218]

In der Dichtung wenden die nicht gerade bescheidenen Dichter das koranische Gleichnis auch auf ihre eigenen Aktivitäten an.

> Uns kommen wie Maria aus trockenem Zweig Datteln ohne Ursache.

216. Rūmī: *Fīhi mā Fīhi* (deutsch), Seite 75.
217. Rūmī: *Masnawī,* Band V, Zeile 1188. Vergleiche *Dīvān,* Zeile 13764: »Die trockene Palme gab Maria Früchte auf Gottes Befehl, vom Göttlichen Hauch fand der eben Verstorbene Leben.«
218. Chāqānī: *Dīvān,* Seite 187.

Uns kommt wie Jesus eine führende Rolle in der Wiege
ohne Forderung.[219]

Doch die Dichter haben noch eine andere Beziehung zwischen sich und dem Wunder der Jungfrauengeburt und der fruchttragenden Palme gefunden: Bei der Wichtigkeit, die der Begriff »Wort« in der Jesus-Tradition spielt, ist es fast natürlich, dass manche Dichter auch in ihrem eigenen Wort ein Wunder erblicken. So sagt Chāqānī denn auch:

Das Wort ist ein Zeuge für die Jungfrau, nämlich meine
Gedanken,
so wie es die Dattelpalme für Marias Wunder ist.[220]

Denn neue, noch nie ausgesprochene Gedanken und Begriffe werden gern als *bikr* (jungfräulich), bezeichnet.

Fast zwingend ergab sich auch der Vergleich der trockenen Rohrfeder, deren dürrem Holz dann süße Worte entfließen, mit dem Palmwunder.

Das Schreibrohr Dschāmis wurde zur Palme Marias,
denn wenn es sich bewegt, gießt es
frische süße Früchte für die Freunde aus.[221]

Manchmal wird auf die Jungfräulichkeit und gleichzeitige die Schwangerschaft Marias angespielt. Das ist vor allem dann der Fall, wenn Dichter von ihren jungfräulichen Gedanken sprechen, denn diese Gedanken ergeben liebliche, zuckergleiche Worte – beide Beschreibungen deuten dann wieder auf das beredte Kind Jesus hin, das süße Worte in der Wiege sprach.

Die Töchter meiner Gedanken sind Jungfrauen wie Maria,
Eine Jungfrau gebiert so mein zuckersüßes Gedicht,[222]

heißt es bei ʿAttar, und Rūmī sieht seine jungfräulichen Gedanken als »schwanger vom tieferen Sinn«.[223]

219. Ibid. Seite 13; das Bild findet sich oft bei Rūmī.
220. Chāqānī: *Dīvān,* Seiten 17, 24.
221. Dschāmi: *Dīvān,* Seite 239, Nr. 247.
222. ʿAttar: *Dīvān,* Seite 535, Qasīda 20; vergleiche auch Rūmī: *Dīvān,* Zeile 30408.

Noch eine andere Verbindung ist häufig in der Dichtung; sie bezieht sich darauf, dass Maria, in ihre Heimat zurückgekehrt, ein Fasten gelobt hatte, das ein mehrtägiges Schweigen einschloss, während der kleine Jesus die Unschuld seiner Mutter eloquent verteidigte. Die Verbindung vom Schweigen der Jungfrau und dem Reden Jesu war so beliebt, dass ein nicht-religiöser Dichter wie Watwāt im zwölften Jahrhundert in einer langen Reihe von Schwüren auch schwört: »Beim Glauben an die Rede Jesu in der Wiege.«[224]

Besonders in Frühlingsbeschreibungen wurde dieses Bild gern benutzt. So singt Rūmī:

> Die Narzisse, einstmals abgesetzt,
> wird zum Oberaufseher des Reiches,
> und die Knospen sind, gleich Jesus, klug
> und können rezitieren.[225]

Rūmī erfindet auch noch andere Vergleiche:

> Der Wind ist suchend, rennend,
> das Wasser wäscht sich die Hände.
> Wir reden ähnlich wie Jesus;
> der Staub, wie Maria, schweigt.[226]

Manchmal wird der wechselnde Zustand des Menschen in dieser Bildwelt beschrieben:

> Manchmal bin ich ganz Zunge geworden,
> wie Jesus,
> manchmal habe ich ein schweigendes Herz,
> wie Maria,[227]

und der Fromme soll geistige, belebende Worte sagen:

223. Rūmī: *Dīvān,* Zeile 22597, Ende eines Ghasels; auch ibid. Ruba'i Nr. 914. Vergleiche Sanā'ī: *Ḥadīqat al-ḥaqīqat,* Seite 506.

224. Raschīdaddīn Watwāt: *Dīvān,* Seite 268.

225. Rūmī: *Dīvān,* Zeile 18166.

226. Ibid. Zeile 1737.

227. Ibid. Zeile 17402.

Schweigend wie Maria, damit der redet,
der den Hauch Jesu besitzt,
und man sich nicht um Eselsgeschrei kümmern muss.

Die Seele ist wie Jesus in der Wiege der äußeren Form; Rūmī fragt daher: »Wo ist unsere Maria, die unsere Wiege herstellt?«,[228] und er fühlt, dass er »schwanger vom Gotteslicht geworden ist«, während der Körper der Wiege entspricht.[229]

—

Der Leben spendende Hauch des geliebten Wesens, von dem wir schon sprachen (siehe oben Seite 73ff), kann hin und wieder in eine uns vielleicht absurd erscheinende Vorstellung ausgearbeitet werden: Die Lippen des geliebten Wesens scheinen einen (Leben spendenden) Jesus zu gebären, sodass im Munde eine Maria verborgen zu sein scheint (so Chāqānī).[230]

Noch absurder und respektloser erscheinen einem modernen Leser einige Bilder, die Andeutungen frivoler Art enthalten. Der persische Dichter Manūtschihrī [Dāmghānī] hatte im elften Jahrhundert gern die Trauben mit Maria verglichen, die den (belebenden) Wein »Jesus« in sich tragen – ist doch auch die Traube »jungfräulich« und, wie aus ihrer runden Form erkennbar ist, schwanger.[231] Und wenn dieses Bild zwar sonderbar, aber doch sinnvoll erscheint, so ging ein Dichterling des achtzehnten Jahrhunderts in Indien so weit, die Weinkaraffe (die ja gebaucht ist), mit Maria zu vergleichen, die in sich den Leben spendenden Jesus trägt – und das ist der Wein.[232]

Selbst die im Wind sich blähende Fahne mit ihrem Löwenemblem gleicht für Anwari dem Ärmel Marias, in den der Gottesgeist bläst.[233]

—

Aber die schönsten Vergleiche, die von Maria und Jesus sprechen, kommen in Frühlingsbeschreibungen vor:

228. Ibid. Zeile 23054.
229. Ibid. Zeile 16689.
230. Chāqānī: *Dīvān,* Ghasel Seite 564.
231. Manūtschihrī Dāmghānī: *Dīvān,* ed. M. Dabīr Siyāqī, Teheran 1959, Seite 196.
232. Ghūrūri, in Sadarangani: *Persian Poets of Sind,* Karachi 1957.
233. Anwari: *Dīvān,* Qasīda Seite 199.

Alle Zweige sind gewissermaßen Maria,
schwanger vom Hauch des Engels,[234]

sagt Rūmī, und bemerkt in anderem Zusammenhang, dass

diese vollkommenen Marien dem Herzenskenner
den Weg zur Göttlichen Glorie weisen,[235]

oder:

Sie sind jungfräulich und schwanger, wie Maria,
die weder Geliebten noch Gatten hatte.[236]

Der Koran erwähnt zwar, dass Maria und ihr Sohn einen stillen Platz mit Quellen erhielten (Sure 23:50), da Gott die beiden zu einem Zeichen machte. Doch dürfte diese Stelle nicht allzu viel zu der Gartensymbolik beigetragen haben, die sich um Maria und Jesus entwickelt hat: Es war vielmehr die Erfahrung, dass man in jedem Frühling sehen konnte, wie Blüten und Grün neu belebt wurden. Schon einer der frühesten persischen Dichter, Kisā'ī, schreibt:

Es scheint, die Mitternachtsbrise wurde Gabriel, sodass die
Wurzeln und Zweige der trockenen Bäume Maria wurden.[237]

Rūmī übernimmt diesen Gedanken, erweitert ihn aber recht kühn:

Der Wind scheint Gabriel zu sein und die Bäume Maria.
Sieh das Handspiel, wie das von Mann und Frau![238]

Das Ergebnis eines solchen Liebesspiels von Wind und Bäumen ist die Geburt des Jesus »Rose«, denn, so in Chāqānīs Worten:

234. RŪMĪ: *Dīvān,* Zeile 30260; vergleiche auch Chāqānīs schöne Verse im *Dīvān,* Seite 429.

235. RŪMĪ: *Dīvān,* Zeile 9839.

236. Ibid. Zeile 30305.

237. 'AUFI: *Lubāb al-albāb,* Band II, Seite 46.

238. RŪMĪ: *Dīvān,* Zeile 21177, vergleiche auch 10589. »Der Wind ist wie Gabriel und du wie Maria: // der rosenwangige Jesus wird von diesen beiden geboren.«

Der Garten ist die Jungfrau Maria [...]
und Jesus die eintägige Rose.[239]

Lange vor Rūmī hat Abū 'Alī Marwazī schon gesungen:

Die Maria »Knospe«,
in deren Schoß sich die Rose »Jesus« befindet,
kommt mit offenem Gesicht
wie die Paradiesesjungfrauen.[240]

Denkt man bei solchen Bildern nicht unwillkürlich an unser schönes Lied »Es ist ein Ros entsprungen«?

Viele Dichter des elften und zwölften Jahrhunderts, sei es Nezāmi oder Nāsir-i Chusrau, sprechen davon, dass die »Rose schwanger vom Wind ist wie Maria«, und das Bild wird noch immer in der zeitgenössischen persischen Dichtung verwendet, wo manch ein Poet darauf hofft, dass der Messias »Rose« dank dem geistigen Einfluss des Heiligen Geistes aus dem reinen Saum Marias erscheinen wird.

Eine besonders schöne Ausarbeitung des Marienmotivs in Verbindung mit dem Garten findet sich im allerletzten Teil von Rūmīs *Masnawī,* wo er die Gläubigen ermahnt, dankbar zu sein für die Gnade, so wie die Bäume, die stumm für das sie nährende Wasser danken, ohne Zunge wie Zypressen, aber »schwanger vom König ›Frühling‹«.

Marien ohne Gatten, die Jesus in sich tragen, ganz schweigend ohne Worte und ohn' beredtes Sagen;
»denn mein Mond schien auf uns ganz ohne Wort und Rede, und jede Zunge lernte von unserm Glanz die Rede!«
Es kam die Rede Jesu nur von Marias Glanz, die Rede Adams war vom Hauche Gottes ganz.[241]

In diesen letzten Zeilen kann man vielleicht eine Anspielung auf die Gedankengänge Ibn 'Arabīs sehen, in dessen System Jesus und Eva als Bruder und Schwester erscheinen: Wie Eva ohne Mutter

239. CHĀQĀNĪ: *Dīvān,* Seite 331.
240. 'AUFI: *Lubāb al-albāb,* Band II, Seite 341.
241. RŪMĪ: *Masnawī,* Band VI, Zeile 4547 ff.

aus Adam erschien, so ward Jesus ohne Vater aus Maria geboren. Für Ibn ʿArabī heißt das:

> Wie das Weibliche durch ein Maskulines ohne Vermittlung einer Mutter erschien [wie es bei Eva der Fall war], so musste ein maskulines Wesen aus einem weiblichen Wesen ohne Vermittlung eines Vaters erscheinen,

sodass das Gleichgewicht in der schöpferischen Aktivität Gottes gewissermaßen gewahrt blieb. Maria ist also das Modell des Weiblichen mit aktiver schöpferischer Funktion – und damit das Idealbild der durch ihren absoluten Gehorsam mit unmittelbarer Gottesnähe ausgezeichneten Frau.[242]

Vielleicht ist das eine allzu fernliegende Deutung der schönen Schilderung des mariengleichen Gartens, der mit stummer Beredsamkeit Gottes wunderbares Wirken preist, aber Ibn ʿArabīs Gedanken könnten einen gewissen Einfluss auf die Symbolik des Dichters im späteren dreizehnten Jahrhundert gehabt haben, umso mehr, als sein Stiefsohn Ṣadr ad-Dīn al-Qunāwī ein Freund Rūmīs war.

Doch nicht nur der Garten, die Knospe, die Weinbeere dienen als Bilder für den gesegneten Zustand Marias. Chāqānī sieht den Nachthimmel als Maria, die den Neumond im Arm hält, als sei es der neugeborene Jesus,[243] und in Indien findet man Vergleiche Marias mit der Wolke, die vom Wind schwanger ist.[244] Man muss dabei daran denken, dass der Regen, den die Wolke bringen wird, für den orientalischen Dichter ein Zeichen Göttlicher Gnade ist; so, wie der Atem Jesu die Toten belebt, so belebt auch der Regen die tote Erde. Noch klarer wird der Vergleich in Naẓīrīs (gestorben 1612) Vers: »Die Monsunwolke, die süße Früchte bringen wird, gleicht Maria.«[245]

So wird Maria zum Symbol für Erde, Blüte und segensreiches Wasser, und immer wieder lehren die Dichter, mit aus dem Koran abgeleiteten Bildern, dass die vollkommene Hingabe an Gottes Wort, die völlige Demut und schweigende Annahme des Geschickes den Menschen zu einer Quelle des Segens werden lassen.

242. Henry Corbin: *Creative Imagination in the Thought of Ibn ʿArabī,* Princeton 1969, Seite 163.

243. Chāqānī: *Dīvān,* Seite 261.

244. ʿAufi: *Lubāb al-albāb,* Band II, Seite 111; ein Dichter namens Dschauharī.

245. Naẓīrī: *Dīvān,* ed. M. Musaffa, Teheran 1961, Seite 290, Ghasel Nr. 428.

Maria ist das Vorbild für die Menschen, ähnlich wie es in der christlichen Tradition die »Mutter Jungfrau Königin« ist.

Ganz selten aber wird die ganze Natur als Schmuck Marias gesehen, doch Nāsir-i Chusraus Vers lässt den Leser ganz von fern an die Vorstellung vom Sternenmantel der Jungfrau denken:

Man könnte sagen, der Himmel sei
Marias Kirche voll Juwelen:
Die Sterne genauso wie Mönche,
die Plejaden wie ein Kreuz.[246]

Kritische Stimmen

DAS IDEALBILD JESU ALS DES ARZTES UND DES GELIEBTEN

und die süße Schönheit der unschuldigen, knospengleichen Maria, welche die duftende Rose Jesus in sich trägt, die sie mit Schmerz gebären muss, lebten durch die Jahrhunderte fort, und bis heute können solche Bilder in der persischen, türkischen und Urdu-Literatur gefunden werden.

Freilich, schon früh gab es auch kritischere Anspielungen auf Jesus und vor allem auf die Christen, die ja auch im Koran nicht immer positiv behandelt werden, mit denen aber die frühen Sufis, wie wir sahen, gute Kontakte pflegten. Das Kreuz jedoch, das wir schon in Zusammenhang mit der »kreuzförmigen« Haartracht junger Christen erwähnten (siehe oben Seite 24), wird für die Mystiker zum Symbol für die Welt: Seine vier Arme erinnern daran, dass diese Welt aus den vier Elementen zusammengesetzt und daher, wie die antike Wissenschaft sagt, vergänglich ist, da nichts Zusammengesetztes Bestand hat. Nur das Einfache, Nicht-Zusammengesetzte hat Dauer, und das bedeutet für die Muslime und vor allem für die Mystiker, dass nur diejenigen, die Gott als Einen und Einzigen erkennen, gerettet werden. Deshalb sagt Rūmī:

246. Nāsir-i Khusrau: *Dīvān*, Seite 565.

> Fern sei der Portikus der Freude von Feuer und Wasser,
> von Staub und von Wind!
> So weit entfernt seien die wahren Einheitsbekenner
> von diesen vier Elementen wie vom Kreuz![247]

Von alters her findet man im Persischen Wortspiele mit *tars* (Christ) und dem gleichlautenden Wort *tarsā* (fürchtend), was den Poeten manche Möglichkeit zu etwas spöttischen Bemerkungen über ihre christlichen Nachbarn gab. Auch eine Kombination mit *tars* (verkehrt) war nicht unbekannt. Hier, wie auch sonst, bietet Chāqānī sicherlich den interessantesten Vers: Als er sich über sein Schicksal beklagt, sagt er mit Anspielung auf die Vorstellung, dass sich das Himmelsrad dreht und so immer neue Ereignisse über den Menschen und die Welt kommen: »Der Himmel läuft verkehrter (*tars*) als *khatt-i tarsā* (die Schrift der Christen)«,[248] denn die griechische Schrift, mit der er durch seine Beziehung zu Byzanz vertraut war, läuft ja im Gegensatz zu der arabischen Schrift von links nach rechts.

—

Die eigentliche Kritik am christlichen Dogma ist natürlich in den theologischen Werken der Muslime enthalten, die sich oft mit der Widerlegung des Dogmas von der Gottessohnschaft befassen. Aber auch im Werk Rūmīs, der ein so inniger Verehrer Jesu war, finden sich kritische Bemerkungen, denn für ihn, wie für jeden Muslim, ist Jesus, wie schon gezeigt, ein Vorläufer, wenn auch ein höchst ausgezeichneter Vorläufer Mohammeds. Und er ist überzeugt:

> Wenn Mohammed den Vorhang
> vor einem (Licht-)Zweig zerreißt,
> zerreißen tausend Mönche und Priester
> ihren Ketzergürtel.[249]

In *Fīhi mā Fīhi,* als Rūmī die Argumente zu widerlegen sucht, dass Jesus Gottes Sohn sei, sagt er:

> Gewiss ist es richtig, dass man sagt, dass Jesu Herr Jesum geehrt und ihn nahe zu Sich gebracht hat, sodass jedermann,

247. Rūmī: *Dīvān,* Zeile 7215.
248. Chāqānī: *Dīvān,* Seite 23ff.
249. Rūmī: *Dīvān,* Zeile 12552.

> der Jesum dient, dem Herrn dient, und wer ihm gehorcht, dem Herrn gehorcht. Aber da Gott einen Propheten gesandt hat, der Jesus überlegen ist, durch den Er all das manifestiert hat, was Er durch Jesu Hand manifestiert hatte und noch mehr, muss man diesem Propheten folgen, um Gottes Willen, nicht um des Propheten selbst willen.[250]

Ein besonderes Problem stellt die Anzahl christlicher Sekten dar, die die Araber und Perser in ihrer Nachbarschaft sahen – Nestorianer und Kopten, Jakobiten, Melkiten und judenchristliche Gruppen, um nur die wichtigsten zu nennen. Eine lange Geschichte im ersten Buch des *Masnawī* berichtet sehr detailliert, wie ein jüdischer Minister seinem König half, die Christen seines Reiches voneinander zu trennen, ohne dass der König in die Vernichtung einzugreifen brauchte. Der Minister verkleidete sich nämlich als christlicher Eremit, der seine Umgebung durch seine exemplarische Frömmigkeit entzückte und die Menschen um sich scharte. Er setzte dann heimlich zwölf Dokumente auf, die er an seine zwölf liebsten Schüler verteilte; dann beging er Selbstmord. Da nun der Inhalt jedes der Dokumente dem anderen widersprach, begannen die Anhänger der zwölf Führer untereinander zu kämpfen und sich zu vernichten – ausgenommen diejenigen, die im Evangelium den Namen Aḥmad entdeckt, das heißt, die die Botschaft vom Parakleten gelesen hatten, des versprochenen »Trösters« harrten und so, als Proto-Muslime, gerettet wurden.[251]

Solche Geschichten finden sich in vielen Werken, aber es war erst zur Zeit, da die Muslime in engeren Kontakt mit den Christen kamen, dass ihre Kritik am Christentum zunahm. Gewiss hatte es schon in der Kreuzzugszeit kriegerische Auseinandersetzungen zwischen Muslimen und Kreuzfahrern gegeben, die, wie es in persischen poetischen Werken mehrfach heißt, die heilige Stadt Jerusalem dadurch entweihten, dass sie Schweine hielten;[252] aber im Ganzen ist das Echo der muslimischen Literaten auf die Kreuz-

250. Rūmī: *Fīhi mā Fīhi* (deutsch), Kapitel 30.

251. Rūmī: *Masnawī,* Band I, Zeile 326–738 (mit vielen Unterbrechungen und Einschüben); darauf folgt eine andere Christenverfolgungserzählung.

252. Rūmī: *Dīvān,* Zeilen 7227, 12883, 26632 und auch 6862. Rūmī dürfte das Bild von Chāqānī übernommen haben, in dessen Qasīda Nr. 1 die Schweine der Europäer in Jerusalem mit den Elefanten verglichen werden, die Abraha 570 bei der Belagerung Mekkas verwendete.

züge recht schwach. Doch mit dem Fortschreiten der Kolonialisierung in vorwiegend muslimisch beherrschten Gebieten im ausgehenden achtzehnten und im neunzehnten Jahrhundert änderte sich das Bild. Das gilt auf literarischem Gebiet vor allem für das muslimische Indien, wo im neunzehnten Jahrhundert oftmals Disputationen zwischen britischen Missionaren und muslimischen Gelehrten stattfanden. Aber auch anderswo kam es zu scharfen Disputen zwischen christlichen Denkern und Muslimen – man denke nur an die Auseinandersetzung zwischen Ernest Renan und Dschamāl ad-Dīn Afghānī, die wahrscheinlich erstmals die Problematik des Zusammenlebens und des Verständnisses zwischen Christen und Muslimen ins Bewusstsein einer breiteren Öffentlichkeit trug.

Hier interessiert uns vor allem die literarische Folge dieser sich ständig verstärkenden Auseinandersetzung. Es ist dabei besonders aufschlussreich, das Werk Muḥammad Iqbāls (1877–1938) zu prüfen.

Wie seine Landsleute verwendet Iqbāl in seiner Dichtung noch immer die alten Bilder von Jesu Hauch, von Jesus als dem Arzt und ähnliche Metaphern, die er jedoch gern umformt. Ist es nicht erstaunlich, so fragt er in seiner *Botschaft des Ostens* (1923), dass Europa die Wunder Jesu vollbringen kann? Aber noch erstaunlicher ist es, dass Jesu Odem die Kranken Europas (und der Gebiete, wo Europäer herrschen) noch kränker zu machen scheint?[253]

Die schärfste Kritik an Europa steht in Iqbāls *Dschāvīdnāma,* seinem persischen Epos (1932), in dem er seine geistige Reise durch die Sphären schildert, die in der Göttlichen Gegenwart endet. In der Mondsphäre besucht er die geheimnisvollen Orte der Propheten, das heißt Plätze, in denen er die Ideale der großen Religionen – Buddhismus, Zoroastrismus, Christentum und Islam – poetisch schildert. Die Szene, die sich mit dem Christentum befasst, wird als »Vision des Weisen Tolstoi« bezeichnet; denn die muslimischen Denker waren zu Anfang des zwanzigsten Jahrhunderts sehr stark von Tolstois Kritik an der modernen europäischen Zivilisation beeinflusst.

Iqbāl schildert in seiner Vision die Qualen des Judas, der, in einem von Dante entlehnten Bild, in einem Eisstrom leidet und von einer attraktiven Europäerin, Miss Ifrangin, scharf getadelt wird:

253. Muḥammad Iqbāl: *Payām-i maschriq,* Lahaore 1923, Seite 226.

Inmitten des Gebirges Siebentod
Ein Talschlund ohne Grün und Vögel droht.
Der Mondschein ist von seinem Staub wie Pech,
Die Sonne stirbt in jenem Raum vor Durst.
In diesem Tal rinnt ein Quecksilberfluss,
Milchstraßengleich gekrümmt und windungsreich –
Vor ihm sind Hoch und Tief und Berge nichts –
Gebogen, eilend laufend, Well' um Welle!
Im Strom ein Mann, zum Gürtel eingesunken,
Mit Tausenden von wirkungslosen Klagen.
Nicht Wolke, Wasser, Wind wird ihm zuteil –
Dem durst'gen Judas – nur Metall sein Trank.
Am Ufer sah ein zartes Weib ich stehen;
Wie hundert Straßenräuber war ihr Auge;
Unglaube lehrte es der Kirchen Priester,
Vor seinem Blick war Schlechtes gut, Gut böse.

Ich fragte sie: »Wer bist du und wie heißt du?
Was ist das für ein Weinen, für ein Klagen?«

»Der Zauber Sāmirīs[254] liegt mir im Auge;
ich heiße Ifrangin; mein Werk ist Zauber!«

Da plötzlich ward der Silberstrom zu Eis,
Im Leib zerbrachen jenes Jünglings Knochen.
Er stöhnte: »Ach und Weh! Des Schicksals Plage!
Oh wehe meiner nie gehörten Klage!«

Ifrangin sprach zu jenem: »Hast du Augen?
Betrachte einmal doch dein eignes Werk!
Der Sohn Marias, der Geschöpfe Leuchte,
Dess Licht im Diesseits und im Jenseits strahlt:
Sein bleiches Angesicht, sein Kreuz, Pilatus –
Was tatst du unterm Himmel? Was tat er?
Du, dessen Herz des Glaubens Freud' verwehrt ist,
Anbeter du der rohen Silbergötzen,
Du kanntest nicht des Heil'gen Geistes Wert!
Hast's Herz verspielt und nur den Leib begehrt!«

254. Sāmirī ist der Name des Mannes, der nach koranischer Aussage (Sure 20:85) das Goldene Kalb hergestellt hat.

Das Tadelwort der Lieblichen, Koketten
Zerriss das Herz des Jünglings, der da sprach:
»Du, die den Weizen zeigst und Gerste ausgibst,
Durch die Brahman und Scheich ihr Land verkaufen,
Erniedrigt sind durch dich Verstand und Glaube,
Erniedrigt ist durch dein Geschäft die Liebe,
Nur Qual ist deine Freundschaft, heimlich' Leiden,
Dein Hass ist Tod, ist unverhoffter Tod.
Mit Lehm und Wasser bist du umgegangen,
Die Menschen hast von Gott du weggefangen.
Die Weisheit, die der Dinge Knoten schürzte,
Sie gab dir nichts als nur Erob'rungsdrang.
Es weiß der Mann, der edle und gerechte,
Dass dein Verbrechen schwerer ist als meines;
Durch Jesu Hauch kehrt in den Leib die Seele,
Durch dich ward dieser Leib der Seele Grab.
Nur Jesu Menschheit traf, was ich getan;
Ihr tut dasselbe seiner Gottheit an!
Dein Tod wär' für die Weltbewohner Leben.
Sei! Und du wirst das Ende schon erleben!«[255]

Wenn sich die Kritik am Christentum in Iqbāls Werk leicht aus seinem Leben unter britischer Kolonialherrschaft erklären lässt, so ist ein ähnlicher Zwiespalt zwischen der Verehrung Jesu, wie sie im Islam natürlich ist, und der politischen Realität unter den palästinensischen Dichtern zu finden, die, auf uraltem christlichem Boden lebend, sich anklagend gegen diejenigen wenden, die ihr Land besetzen, und Maḥmūd Nadīm al-Afghānī (geboren 1926) hat, wie auch andere, das religiöse Problem angesprochen, ob ein Muslim im *dār al-ḥarb,* dem nicht-islamischen Gebiet, die religiösen Feste feiern darf. So wendet er sich klagend an Jesus:

Für Jesus, den Propheten der Rechtleitung,
lodert mein Herz,
aber in meinem Herzen ist eine Wunde,
die sich nicht schließen will.
Ich bin gekommen, Jesus,

255. Muḥammad Iqbāl: *Dschāvīdnāma,* Lahore 1932; deutsch von Annemarie Schimmel: *Buch der Ewigkeit,* München 1957, und wieder in *Botschaft des Ostens,* Tübingen 1977.

den Propheten der Rechtleitung zu preisen,
denn meine Worte sind nicht mehr fähig,
ihn zu preisen.
Aber in meinem Herzen brennt ein Feuer,
das die entfachten, die in Jesu Namen
heute über die Menschen bestimmen.
Ist zu Jesus, Prophet der Rechtleitung,
die Kunde gedrungen von den Tyrannen
und denjenigen, die in seinem Namen Unrecht tun?
Sie behaupten, Gott habe sie gesandt,
um dem Recht zum Sieg zu verhelfen –
wie schamlos sind ihre Behauptungen!

Stefan Wild hat diese Gedichte untersucht und interpretiert, unter denen die dramatischen Verse von Fadwa Tuqan besonders herausragen.[256]

Die muslimische Dichterin Fadwa Tuqan (geboren 1917) beschwört Jesus in Zeilen, die sie in einer kritischen Phase des Palästina-Problems nach dem Krieg von 1967 schrieb: Sie beginnt ihr Gedicht »An den Herrn Christus an seinem Fest« mit einem Zitat aus dem Markusevangelium (wie denn die Verwendung christlicher Symbolik unter den palästinensischen Muslimen recht häufig ist).

> [...] aber jene Weingärtner sprachen untereinander: »Er ist der Erbe, lasset uns ihn töten, sodass das Erbe unser sei.« Und sie nahmen ihn und töteten ihn und warfen ihn aus dem Weinberg (Mk 12.7–8).

Oh Herr, oh Ruhm der Welten!
An deinem Fest werden in diesem Jahr gekreuzigt
die Freuden Jerusalems.
Es schweigen an deinem Fest, oh Herr, alle Glocken. [...]
Seit zweitausend Jahren schweigen sie nicht
an deinem Fest – nur dieses Jahr,
und die Glockentürme in Trauer,
schwarz, von Schwarz nur umhüllt.

256. Stefan Wild: »Judentum, Christentum und Islam in der palästinensischen Literatur« in: *Der Islam,* NF XXIII, 1984.

Jerusalem unter dem Schmerzenspfad,
gebunden unter das Prüfungskreuz,
erschöpft, ach, unter des Henkers Hand.
Und die Welt: ein Herz, das verschlossen
vor der Tragödie steht.
Oh diese frostige Gleichgültigkeit – Herr! –,
in welcher der Sonne Auge verlosch, sich täuschte und
irregeht.
Nicht hob's seine Leuchte in dieser Qual,
vergoss seine Tränen noch nicht ein Mal,
abzuwaschen Jerusalems Traurigkeit.
Die Wegelagerer erschlugen den Erben, oh Herr,
und rissen die Trauben ab.
Und die Sünde der Welt beflügelte ihnen den Vogel der
Schuld,
der begann, die Reinheit Jerusalems zu beflecken,
teuflisch, verflucht, sodass ihn der Teufel selbst hasste.

Oh Herr, oh Ruhm du Jerusalems!
Aus den Brunnen der Trauer, aus den Tiefen,
und aus der finstersten Nacht,
aus dem Leichenschacht,
erhebt sich zu dir Jerusalems Stöhnen!
Erbarme dich, Herr!
Lass an ihr diesen Kelch vorübergehen![257]

Und wenn Jesus in der mittelalterlichen und traditionellen Poesie, vor allem in der Lyrik, als der Heiler und Helfer angerufen wird, wenn er in den kritischen Gedichten der Kolonial- und Postkolonialzeit als der beschworen wird, dessen Lehre die Christen verdorben haben und der kraftlos und hilflos den Tragödien der Welt zusieht, so ist das Bild hier in die aktuelle palästinensische Situation einbezogen, wo die christliche Symbolik ganz natürlich erscheint.

In den letzten Jahrzehnten sind auch in Iran Stimmen dieser Art häufiger geworden als das traditionelle romantische Jesusbild. Ein Gedicht von Aḥmad Alvand, »Jesus in Vietnam«, ist mir im Au-

257. In ANNEMARIE SCHIMMEL: *Zeitgenössische Arabische Lyrik,* Tübingen 1975.

Hinrichtung der Jesus-ähnlichen Gestalt. Persische Prophetengeschichten (1577). Bildarchiv Preußischer Kulturbesitz, Berlin

genblick nicht zugänglich, doch wird es von Sorour Soroush in einem Aufsatz als kritische Abrechnung mit der westlichen Zivilisation gekennzeichnet,[258] und auch Schafi'i [Kadkani] (geboren 1939) hat in einem von Jesus handelnden Gedicht antiwestliche Gefühle ausgedrückt. Dass ein moderner iranischer Dichter – der um 1940 geborene Minuchihr Ateschi – sich mit Jesus vergleicht, ist nicht überraschend, aber während die klassischen Poeten behaupteten, ihm als Beleber der Menschen durch ihren süßen Gesang zu gleichen, geht es Ateschi um das Leiden. In seinem Gedicht »Wenn ich Jesus wäre...« deutet er seine Qualen an, die Qualen des Armen, des Proletariers, des Unterprivilegierten, und sein Gedicht gipfelt in den Zeilen:

Meine Last ist schwerer als die des Messias.

Er, mit dem hölzernen Kreuz,
einmal nur zog er – eiserne Nägel in seiner Hand –
den Leib zur Höhe des Verrats.
Er, mit dem hölzernen Kreuz und der Beschimpfung der Feinde,
war mit dem Berg des Schicksals im würgenden Griff –
und ich, ich bin mein eigenes Kreuz,
ich schleppe mein fleischernes Kreuz ein Leben lang –
schwerer und grässlicher als das Toben der Hölle –,
schleppe es in den Gassen der Verleumdung mit mir herum.
Ihn kränkte das Fluchen der Feinde,
aber mich der Abscheu des Freundes
und der ständige Tadel der eigenen Seele.
Er war der Sohn des Heiligen Geistes,
und ich das Kind eines armen Bauern
aus den durstigen Wurzeln des Wüstenlands;
er starb allein,
nur einmal, das heißt, er entflog –
und ich sterbe täglich Tausende Tode.

Mein Leiden ist schwerer als das des Messias.[259]

258. Sorour S. Soroush: "On Jesus' Image in Modern Persian Poetry", in *The Muslim World* 69 (1979).

259. Minuchihr Ateshi: *Dīdar dar falaq*, Teheran 1957, Seite 64f.

Ein solches Gedicht zeigt, dass die moderne, europäisch beeinflusste Dichtung die Kreuzigung als eine Realität auffasst, obgleich der Koran sie strikt ablehnt – eine Entwicklung, die auch in der modernen arabischen Literatur erkennbar ist. Kāmil Husains [1901–1977] *Qarya ẓālima* (englisch: *City of Wrong*) ist ein beredtes Beispiel einer neuen Interpretation des Karfreitags, die dem christlichen wie dem muslimischen Verständnis dieses Tages so weit wie möglich angenähert ist.

Doch vielleicht das bewegendste Gedicht in der modernen persischen Jesus-Rezeption dürfte Aḥmad Schāmlūs [1925–2000] »Der Tod des Nazareners« sein, das den Gedanken des Leidens und der menschlichen Undankbarkeit aufnimmt: Lazarus, der Jesus sein neues Leben verdankt, versucht gar nicht, ihm zu helfen. Warum, so fragt er sich, kann er sich denn nicht selbst helfen? Das alte Thema des »Arzt, hilf dir selber« wird hier aufgenommen und aus der spezifisch »christlichen« Sphäre ins Allgemeine gehoben. Die respektvolle Wortwahl und die einfühlsame Diktion des Gedichts geben ihm einen besonderen Rang in der modernen persischen Literatur. Kurt Scharf hat das Gedicht in seiner Einführung in die moderne persische Poesie, *Aus dem Reisetagebuch des Regens,* trefflich übertragen:

Der Tod des Nazareners

Mit monotonem Ton, monoton
Zog das lange Ende
Der hölzernen Bürde in seinem Genick
Eine schwere, zittrige Linie
In den Staub

– »Setzt ihm eine Dornenkrone auf!«

Und der endlose Ton des langen Endes der Bürde Spann
Im Fieberwahn seiner Schmerzen
Einen feurigen Faden.

– »Los, Nazarener, los!«

Von dem Erbarmen, das er in der Seele trug
Ward er weich

Und wie ein stolzer Schwan
Sah er sich selbst in Klarheit

– »Peitschet ihn aus!«

Die ledergeflochtenen Riemen
Sausten herab,
Und der unendliche rote Strick
Lief
Der Länge lang
Vom großen Knoten zurück.

– »Los, Nazarener, los!«

Aus der Reihe der lärmenden Zuschauer
Ging Lazarus
Schritt für Schritt seinen Weg, die Hände
Hinter dem Rücken
Zusammengelegt.
Und seine Seele fand er frei
Von dem großen Kummer
Der drückenden Verpflichtung:

– »Aber er selbst hat es ja nicht gewollt, sonst hätte er
gekonnt!«

Der kurze Himmel stürzte ein
Unter dieser Last
Über den anhebenden Klagelauten
In der Stille des Leids.
Die Trauernden traten auf die Grabhügel
Und Sonne und Mond
Fielen
Zusammen.[260]

260. Muḥammad Huqūqī: *Schi'r-i zamān-i mā:* Aḥmad Shāmlū: *«Marg-i Nāsirī»*, Seite 220f.; deutsch von Kurt Scharf (Hrsg.): *Aus dem Reisetagebuch des Regens – Einführung in die moderne persische Lyrik* in der Reihe »Gesteht's! Die Dichter des Orients sind größer«, Berlin: Haus der Kulturen der Welt, 1991.

Epilog

NIE ZUVOR KAMEN SO VIELE WEIHNACHTSKARTEN VON MUSlimischen Freunden wie 1995, und sehr viele dieser Karten enthielten die koranische Geschichte von Jesu Geburt oder von »Jesus, dem Wort Gottes« – ein Zeichen der Verständigung, scheint es mir.

Und eine bewegende Geschichte sei zuletzt angeführt, die mir eine gerade aus dem Sinai nach Deutschland zurückgekehrte Ethnologin erzählte:

Im Dorf Nuweiba im Sinai-Gebiet gibt es einen Andenken-Laden, der von einem Kopten und einem Muslim betrieben wird. Der größte Teil der Souvenirs sind Madonnenstatuen aus Holz, Glas, Plastik, die auf Glasregalen ausgestellt sind. Nach dem Erdbeben im Herbst 1995, das ziemliche Verwüstungen auch im Dorf anrichtete, stand alles in dem kleinen Laden so ordentlich, als sei nichts geschehen. Als meine Freundin fragte, wie das denn möglich sei, antwortete der Muslim – Sāmī –: »Das ist doch klar, die Madonna hat uns geschützt. Nichts kann geschehen, wo sie ist. Sie ist die reinste der Frauen, sie hat das Wort Gottes geboren. Wir Muslime verehren sie, die Licht und Reinheit verkörpert. Sie schützt uns.«

Bibliografische Hinweise

Die Literatur über Jesus und Maria im Koran und in der frühen Überlieferung ist vielschichtig. Den besten Überblick bieten:

Günter Risse: *Gott ist Christus, der Sohn Marias – Eine Studie zum Christusbild im Koran,* Bonn 1989.

G.C. Anawatic: "'Īsā", in der *Encyclopedia of Islam,* 2. Auflage., Leiden 1979, Band IV, Seite 80ff.

Das Interesse der abendländischen Forscher an diesem Thema begann verständlicherweise früh; die ersten Werke dürften sein:

Carl Friedrich Gerock: *Versuch einer Darstellung der Christologie des Korans,* Hamburg und Gotha 1839.

Gustav Weil: *Biblische Legenden der Muselmänner,* Frankfurt 1845; versucht, wie zahlreiche andere Werke des neunzehnten und frühen zwanzigsten Jahrhunderts, die biblischen Einflüsse auf den Koran zu beweisen.

Gustav Rosch: »Die Jesusmythen des Islams« in *Theologische Studien und Kritiken,* 1867.

Vom missionarischen Standpunkt aus geschrieben ist:

Samuel M. Zwemer: *The Moslem Christ,* Edinburgh 1912.

Eine wichtige Zusammenstellung von Worten Jesu, wie sie in der klassischen arabischen Literatur überliefert werden, ist:

Miguel Asin Palacios: «Logia et agrapha Domini Jesu» in *Patrologia orientalis* 21 (1919), Seiten 335–431, und 19 (1926), Seiten 532–624.

Gute und nützliche Übersichten sind:

Michel Hayek: *Le Christ de L'Islam,* Paris 1959; deutsch: *Jesus im Islam.*

'ABD AL-JALĪL: *Marie et l'Islam,* Paris 1950; deutsch: *Maria im Islam,* Werl 1954.
ROGER ARNALDEZ: *Jésus, fils de Marie, prophète de l'Islam,* Paris 1980.
GEOFFREY PARRINDER: *Jesus in the Quran,* London 1965, 2. Auflage Cambridge 1995.
HENRI MICHAUD: *Jésus selon le Coran,* Neuchâtel 1960.

Die Zeitschrift *The Moslem* (später: *Muslim*) *World* (MW) hat seit ihrer Gründung immer wieder Aufsätze zu bestimmten Aspekten des Jesusbildes im Islam gebracht:

C.H.A. FIELD: "Christ in Mohammedan tradition", MW 19 (1929).
E.F.F. BISHOP: "The Son of Mary", MW 24 (1934).
W. ROBSON: "Mohammedan Teachings about Jesus", MW 29 (1939).
W. ROBSON: "Stories of Jesus and Mary", MW 40 (1950).
W.N. WYHAM: "Jesus in the Poetry of Iran", MW 42 (1952).
SOROUR S. SOROUSH: "On Jesus' Image in Modern Persian Poetry", MW 69 (1979).

Ebenfalls:

ANNEMARIE SCHIMMEL: "Jesus and Mary as Poetical Images in Rūmī's Verse" in: Y.Y. HADDAD und WADI Z. HADDAD [Hrsg.]: *Christian Muslim Encounter,* University of Florida Press, 1995.

Sehr anregend ist der Aufsatz von:

SHOMEIS SHARIK-AMIN: »Jesus in der iranischen Mystik« in BERT G. FRAGNER et. al. [Hrsg.]: *Proceedings of the Second European Conference of Iranian Studies,* Rom 1995, Seiten 627–658.

Interessantes Material bieten:

JAVAD NURBAKHSH: *Jesus in den Augen der Sufis,* London und Köln 1995.

Elsa Sophia von Kamphoevener: *Islamische Christuslegenden,* Zürich 1963; aus winzigen Andeutungen herausgesponnene Erzählungen; warum Jesus, ʿĪsā, darin immer als »Ischa« erscheint, ist unklar.

Ein frommes Büchlein islamischer Marienverehrung ist:

Muzaffer Ozak: *Die gesegnete Jungfrau Maria im Islam,* Trebbus 1995.

Für eine kritische islamische Studie von Jesus sehe man:

Al-Ghazālī: *ar-Radd al-dschamīl;* deutsch von E.J. Wilms: *Al-Ghazzalis Schrift wider die Gottheit Jesu.* Leiden 1961.

Dies ist nur eine kleine Auswahl; eine Gesamtbibliografie der Literatur in europäischen Sprachen wäre sehr willkommen.

Über die Autorin

Annemarie Schimmel (1922–2003) war eine der weltweit renommiertesten Islamwissenschaftlerinnen und genoss sowohl im Westen als auch in muslimischen Ländern großes Ansehen in der Fachwelt ebenso wie bei einem breiteren Publikum. Die in Erfurt Geborene wurde bereits mit dreiundzwanzig Jahren Professorin für Arabistik und Islamische Studien in Marburg und lehrte später an den Universitäten von Ankara, Harvard, Bonn, London, Edinburgh und Lahore in Pakistan. Sie verfasste eine große Zahl von Büchern und Artikeln zu den Themen Islam und Sufismus, wozu unter anderem auch grundlegende Werke über Pakistans Nationaldichter Muhammad Iqbal oder Dschalāl ad-Dīn Rūmī gehören. Annemarie Schimmel setzte sich in ihrem Leben und Werk für ein besseres Verständnis des Islams im Westen und ein wertschätzendes Miteinander von Muslimen und Nicht-Muslimen ein. 1995 wurde ihr der Friedenspreis des Deutschen Buchhandels verliehen. Hohe Auszeichnungen erhielt sie auch in Pakistan; in Lahore wurden eine Straße sowie das ehemalige Goethe-Institut nach ihr benannt.

Register

Eingang des »Sterbehauses« Marias in Ephesos, Türkei: ein Wallfahrtsort, der von Christen, aber vor allem von Muslimen besucht wird, die dort die »Mutter des Propheten Jesus« verehren (Wikimedia Commons)

»Komm, komm, wer immer du bist...« Das Lebenswerk von Dschalāl ad-Dīn Rūmī (1207–1273), des wohl bekanntesten Vertreters des Sufismus und, neben Hafis, bedeutendsten Dichters persischer Sprache, ist eine Verstand und Herz ergreifende Einladung, die vielfarbige Schönheit und spirituelle Tiefe der islamischen Mystik kennenzulernen. Ob in seinem berühmten Lehrgedicht *Masnawī,* in seinen philosophisch-theosophischen Prosaschriften oder in der auf ihn zurückgehenden Drehtanz-Zeremonie der Mevlevi-Derwische – Rūmīs unerschöpfliche Kreativität ist ein permanentes Umkreisen des Geheimnisses von Gott, dem Geliebten und der Liebe. Wie nachhaltig sein Wirken konfessionelle Schranken und kulturelle Epochen überwand, demonstrieren die Tausenden von Trauernden aus allen Religionsgemeinschaften, die bei der Beisetzung im türkischen Konya an seinem Sarg vorüberzogen, wie auch die Tatsache, dass er noch heute als einer der meistgelesenen Poeten in den Vereinigten Staaten gilt. In dieser exzellenten Biografie zeichnet die renommierte Sufismus-Kennerin ein überzeugendes Bild von Leben und Werk des großen Mystikers und seiner historischen, politischen, kulturellen und theologischen Hintergründe. Sie lässt uns eintauchen in seine Liebes- und Glaubenseinsichten, die sie mit einer exquisiten Auswahl seiner wundervollen Texte illustriert. Entzückt lauschen wir Rūmīs Sehnsuchtsmelodien nach der Einheit und lassen uns in den Bann seiner Gottesfreude ziehen.

ISBN 978-3-942914-19-2
228 Seiten

WEITERE TITEL IM CHALICE VERLAG

Seit seiner Hinrichtung durch religiöse Fanatiker in Bagdad im Jahr 922 haben Botschaft und Schicksal des persischen Sufis Manṣūr al-Ḥallādsch nicht aufgehört, die Menschen zu bewegen. Bis in unsere Zeit lauschen Erkenntnissucher, die den Irrweg der Trennung verlassen wollen, seinen ergreifenden Bezeugungen der Einheit Gottes, seinem sehnsüchtigen Rufen nach Vereinigung mit diesem *einen einzigen* Geliebten und dem aufweckenden Klang seiner teils provozierenden Forderungen nach radikaler Verinnerlichung des Glaubens. Auch wenn seine oft rätselhaften Gedichtzeilen, wie »mein Tod ist in der Religion des Kreuzes«, von der modernen Islamforschung nicht länger als versteckte Bekenntnisse zum Christentum interpretiert werden, zeugen sie von der Tiefe einer mystischen Erfahrung, welche die ›religiöse Korrektheit‹ der doktrinären Intoleranz aller Zeiten durchbricht. Für seine berühmte Aussage *ana'l-Ḥaqq* (»Ich bin die schöpferische Wahrheit«) und seine Überzeugungen, wie etwa ein gutes Werk sei wichtiger als die Pilgerfahrt, wurde Ḥallādsch vom frömmlerischen Establishment als Gotteslästerer verurteilt – während doch jeder seiner Verse von seiner aufrichtigen Gottesliebe spricht, in deren Ekstase die Getrenntheit von Ich und Du zwischen Wirklichkeit und Wahrheit verwischt. Die weltbekannte Orientalistin Annemarie Schimmel präsentiert hier die schönsten Texte des Mystikers und Märtyrers sowie eine kenntnisreiche Darstellung seines Lebens und Denkens.

ISBN 978-3-942914-18-5
176 Seiten

WEITERE TITEL IM CHALICE VERLAG

Im spirituellen Schrifttum des Islams stellt die *Abhandlung über die Liebe* einen Höhepunkt dar; sie ist im Ganzen wie im Detail ein vollendetes Meisterwerk. Alles, was vor Ibn ʿArabī zu diesem, insbesondere für das esoterische Verständnis des Korans so zentralen Thema gesagt wurde, fasst der »Größte Meister« hier zusammen, geht aber noch weit darüber hinaus. Kein spiritueller Lehrer hat seither derart wirklichkeitsgetreue, ursprüngliche, tiefgründige und vollständige Sichtweisen auf das Wesen und die Essenz der Liebe dargestellt.

In dem hier zum ersten Mal auf Deutsch vorliegenden Kapitel 178 seiner umfangreichen *Mekkanischen Eröffnungen* beleuchtet der »Lehrer der Sufis« alle Formen der Liebe, die natürliche oder physische, die spirituelle und die Göttliche. Die falsche, im Westen – heutzutage wie auch in der Vergangenheit – verbreitete Meinung, der Islam sei lediglich eine Religion der Strenge und formaler Vorschriften, in der Göttliche Transzendenz alles derart aufsauge, dass ein menschliches Wesen nicht einmal mehr an der Liebe teilhaben könne, wird hier mit großer Einblickskraft in die tiefsten Zusammenhänge und in poetischer Sprache richtiggestellt.

ISBN 978-3-905272-74-1
280 Seiten

Warum wird Mohammed »Siegel der Propheten« genannt? Was ist die spirituelle Bedeutung von Jesus? Worin besteht die Verbindung der Heiligen und Gesandten aller Völker im Licht der absoluten Einheit aller Existenz? Dies sind nur einige der Fragen, die Muḥyīddīn Ibn ʿArabī mit seiner visionären Einsicht und unvergleichlichen Darstellungskraft beantwortete. Bekannt als *ash-Shaykh al-Akbar*, der »Größte Meister«, gilt der anadalusische Sufi für viele als der bedeutendste Mystiker und Denker in der Geschichte des Islams. Die Wirkung seines enormen Lebenswerks auf Philosophie, Theologie und die Entwicklung der islamischen Spiritualität hallt noch heute unüberhörbar nach. Der in Murcia geborene und in Damaskus begrabene Ibn ʿArabī vereint wie niemand vor oder nach ihm die Weisheiten des Westens und des Ostens in einem ganzheitlichen Bild des Menschen als Krönung einer auf Liebe und Barmherzigkeit beruhenden Schöpfung. Sein tiefes Verständnis der gemeinsamen Wurzeln der abrahamitischen Religionen und der vielfältigen Berührungspunkte ihrer Propheten Moses, Jesus und Mohammed birgt ein unschätzbares Potenzial für den interkulturellen Dialog und die zwischenreligiöse Verständigung. Das vorliegende Buch füllt eine Lücke in der deutschsprachigen Literatur über diesen epochalen Mystiker. Mit ausführlichen Zitaten, luzider Darlegung seiner Grundgedanken und reichem Fotomaterial ist Stephen Hirtenstein ein biografisches Meisterwerk gelungen.

ISBN 978-3-905272-79-6
420 Seiten

WEITERE TITEL IM CHALICE VERLAG

Die Weisheit der Propheten (Fuṣūṣ al-Ḥikam) ist eines der populärsten Werke von Muḥyīddīn Ibn 'Arabī und handelt von der einen grenzenlosen Weisheit, die gleichzeitig einzigartig in sich selbst ist und vielgestaltig in ihrer Verkörperung durch die Linie der Propheten: von »der Göttlichen Weisheit im Wort Adams« über »die Weisheit selbstverlorener Liebe im Wort Abrahams«, »die erhabene Weisheit im Wort von Moses« und »die Weisheit der Weissagung im Wort von Jesus« bis hin zur »Weisheit der Einzigartigkeit im Wort von Mohammed«. Dieses außergewöhnliche Werk ist ebenso eine Darlegung der innersten Bedeutung der Existenz des Menschen und seiner Fähigkeit zur Vervollkommnung wie auch eine esoterische Auslegung des Korans und wirft ein erhellendes Licht auf die gemeinsame innere Essenz aller drei abrahamitischen Religionen. Es vermittelt eine Botschaft, der gerade in Zeiten aufkeimender religiöser Intoleranz und fundamentalistischer Verblendung ein unschätzbares Potenzial für die interkulturelle Verständigung innewohnt.

> »Auf diese Weise verlangte die Göttliche Ordnung nach der Klärung des Spiegels der Welt; und Adam wurde zur Klarheit dieses Spiegels und zum Geiste dieser Form selbst […] und wurde ›Mensch‹ und ›Stellvertreter Gottes‹ genannt.«

ISBN 978-3-905272-71-0
178 Seiten

Ein Schatz tiefer Einsichten aus spiritueller Perspektive in das große Mysterium des Atems. Inspirierende Vorträge, praktische Übungsanleitungen und eine Auswahl poetischer Texte aus unterschiedlichsten Traditionen laden uns ein, den Atem als Wunder auf vielen Ebenen zu erforschen.

Was ist dieser Atem? Welche Bedeutung liegt in diesem Leben spendenden Geheimnis? Wie wichtig ist das bewusste Atmen für echte spirituelle Transformation? Was sagt uns die Tatsache, dass unser Leben all seine Möglichkeiten zwischen einem Einatmen und einem Ausatmen entfaltet? Wie hängt das alles mit dem Rhythmus des Universums und der Zeit zusammen? Welche Rolle spielt der Atem im »Werden des Seins« aus dem immerwährenden »Schoß des Augenblicks«? Wie können wir Nahrung einatmen und sie ins alchimistische Exilier destillieren, das wir für die nachhaltige Verwandlung unseres Lebens brauchen? Wie können wir ausatmen, um die Atmosphäre in einem Raum oder in einer Situation zu verändern, in Verantwortung für unsere Mitmenschen und für die »kommende Welt«? Was könnte es bedeuten, dass Jesus »auf dem Wasser wandelte« und dass »Atem und Geist eins sind«? Welches ist die esoterische Beziehung zwischen Maria, Jesus, dem Geist Gottes, *Ruh Allāh,* und Christus?

Vor dem Hintergrund seines lebenslangen Studiums der inneren Essenz der Sufi-Lehren liefert uns der Autor Gedankenanstöße und praktische Tipps zur Atemarbeit in unserem Alltag.

ISBN 978-3-942914-09-3
172 Seiten

Der erste Teil der autobiografischen Trilogie von Reshad Feild: ein echter Klassiker der modernen spirituellen Literatur und eines der großen Selbstzeugnisse mystischer Sinnsuche, das in den vergangenen vierzig Jahren weltweit Hunderttausende von Lesern beeindruckt hat.

In dieser packend erzählten Geschichte begleiten wir einen jungen Engländer auf seiner abenteuerlichen Suche nach der wirklichen Bedeutung des Lebens und den allerletzten Wahrheiten. Unter der Führung des geheimnisvollen Antiquitätenhändlers Hamid, der sich im Laufe dieses ›metaphysischen Roadmovies‹ als ein strenger spiritueller Lehrer entpuppt, entwickelt sich Reshads Interesse an den Derwischen des Nahen Ostens zu einer äußeren wie inneren Entdeckungsreise zu heiligen Stätten, weisen Menschen und tiefen Einsichten in die Wirklichkeit der Welt. Unter härtesten Prüfungen, die sein westliches Denken erschüttern, wird er in die inneren Lehren des Sufismus eingeführt und mit den Geheimnissen des Atems, der spirituellen Bedeutung der Jungfrau Maria und den gemeinsamen Wurzeln der jüdischen, christlichen und islamischen Traditionen vertraut gemacht. Schritt für Schritt beginnt er, die Heiligkeit allen Lebens zu verstehen, und erfährt die Liebe als die Erste Ursache der Schöpfung, bevor ihm schließlich die Erkenntnis der Einheit des Seins gewährt wird.

»Eine eloquente Orchestrierung, die von sehr hoher Kreativität zeugt« (*The Times*). »Wenn Sie sich für die Weisheit dieses Buches öffnen, wird es Ihr Leben verändern« (Ellen Burstyn).

ISBN 978-3-942914-11-6
216 Seiten

Ein wundervolles Buch über die morgen- und abendländische Sakralkunst, ein Klassiker der kunsthistorischen wie auch der religionswissenschaftlichen Literatur.

Dank seinem großen Verständnis der Geschichte, Theorie und Praxis der Weltreligionen sowie seinem außergewöhnlichen Gespür für den spirituellen Gehalt und die mythologische Symbolik handwerklicher und künstlerischer Ausdrucksformen des Sakralen gelingt es Burckhardt, uns im wahrsten Sinne des Wortes geistreich zu bilden. So eloquent wie unterhaltsam schärft er unsere inneren Augen und Ohren für den Anblick und den Klang der Echtheit, Schönheit und Wahrheit heiliger Kunst.

Anhand kenntnisreich ausgewählter Beispiele bedeutender Sakralwerke aus Hinduismus, Buddhismus, Taoismus, Christentum und Islam erfahren wir, nach welchen Prinzipien und Gesetzen das Ewige sich durch die Jahrhunderte und die Kulturen hinweg in vielfältigen Formen offenbart hat, die bei tieferer Betrachtung eine beeindruckend einheitliche Essenz enthüllen.

Diese vollständig durchgesehene Neuausgabe ist mit zahlreichen zusätzlichen, jetzt insgesamt 83 größtenteils farbigen Abbildungen illustriert und wurde – wie alle Fachbücher des Chalice Verlags – um ein ausführliches Begriffsregister ergänzt.

ISBN 978-3-942914-29-1
224 Seiten

Was sind die Grundlagen, Lehren und Begrifflichkeiten der islamischen Mystik? Titus Burckhardt hat den Sufismus nicht nur intellektuell durchdrungen, sondern den »Pfad der Rückkehr« als Mitglied eines marokkanischen Derwischordens jahrzehntelang auch selbst beschritten. Daher ist diese meisterhafte Darstellung der spirituellen Essenz des Korans alles andere als eine trockene Abhandlung und langweilt nicht mit oberflächlich Formalem oder akademischer Theorie. Der genauso brillante wie bescheidene Schweizer Mystiker führt die Leser ohne Umschweife in die Grundzüge der sufischen Weltsicht ein und erklärt anschaulich und überzeugend – vor allem aus der Sicht des genialen Sufis Muḥyīddīn Ibn 'Arabī – die Geist und Herz anregenden philosophisch-spirituellen Ideen von der Einheit des Seins, von der Schöpfung als Selbstoffenbarung Gottes und vom »allheitlichen« Menschen als Dessen potenziellem Ebenbild. Dabei zeigt er auch die inneren Berührungspunkte von Islam, Christentum und Judentum sowie Hinduismus und Buddhismus auf. Dass dieser Autor – anders als viele wissenschaftliche Theoretiker – tatsächlich verstanden hat, worüber er schreibt, bescheinigt die bekannte Islamgelehrte Annemarie Schimmel mit ihrem Lob: »Burckhardt vereint eine tiefe spirituelle Einsicht mit der Liebe zum ewig Wahren. Seine Schriften zeigen, dass diese Wahrheit heute ebenso frisch ist wie vor Jahrtausenden und so lange bestehen wird, wie der Mensch sich nach dem Göttlichen Licht sehnt.«

ISBN 978-3-942914-27-7
172 Seiten

Sex ist eine der machtvollsten Kräfte in unserem Leben, und doch vermögen nur die wenigsten Menschen, ihn ganzheitlich zu betrachten. Weit über Fortpflanzung und Vergnügen hinaus kommt ihm besondere Bedeutung für die spirituelle Transformation des Menschen zu. Suchenden, denen sich zu diesem Thema schwierige Fragen stellen, bietet dieses Buch neue Denkanstöße und überraschende Blickwinkel auf eines der größten Wunder und tiefsten Rätsel der Schöpfung. In den hier zusammengestellten Auszügen aus seinen Vorträgen behandelt der Naturwissenschaftler, Philosoph und spirituelle Lehrer Bennett Themen wie den Ursprung der Sexualität, ihr Verhältnis zur Liebe, die Bedeutung des Geschlechtsakts, die komplementären Rollen von Mann, Frau und Kind, Ehe und Partnerschaft, Fortpflanzung, Elternschaft, Kreativität, »negativen Sex« sowie psychologische und gesellschaftliche Aspekte.

»Die innere Spaltung des Menschen ist die Trennung seiner geistigen und materiellen Hälften. Sie führt zur Unzufriedenheit und Suche, die seine Transformation erst ermöglichen. Die wirkliche Freude am Sex liegt weder in gedanklicher Stimulation noch in emotionaler Erregung, sondern in verbesserter Klarheit, Kraft und Stärke der Erfahrung auf allen Ebenen. Im Geschlechtsakt können wir wahrhaft wir selbst sein, und dies sollte uns in Sachen Sex sehr feinfühlig machen.«

ISBN 978-3-942914-06-2
120 Seiten

Wie leben wir *richtig*, sodass wir unser körperliches, geistiges und seelisches Daseinspotenzial verwirklichen und mit unserer Umwelt, unseren Mitmenschen und uns selbst in Achtsamkeit und Mitgefühl umgehen und Sinn und Zweck unseres Lebens auf der Erde erfüllen können? Der Shivapuri Baba, einer der beeindruckendsten Menschen des 19. und 20. Jahrhunderts, der ein salomonisches Alter von 137 Jahren erreichte, lehrte das Prinzip des »Rechten Lebens«, das in seinen Grundlagen bestechend einfach und gerade deshalb problemlos übertragbar ist auf jede Epoche, Gesellschaft, Kultur und Religion. Nachdem er 24 Jahre in absoluter Einsamkeit im indischen Dschungel gelebt, danach auf seiner Pilgerreise 40 Jahre lang den gesamten Erdball zu Fuß umrundet und zahlreiche historische Persönlichkeiten wie die Königin Victoria, George Bernhard Shaw oder Theodore Roosevelt beraten hatte, ließ er sich 1926 in Nepal nieder, wo er die Erkenntnisse seiner Erfahrung der spirituellen Verwirklichung lehrte. Obschon bereits zu Lebzeiten als großer Heiliger verehrt, lehnte er jeglichen Kult um seine Person vehement ab. Auf seine Bitte, seine Lehre der drei Disziplinen Rechten Lebens für die moderne Welt einfach und verständlich darzulegen, schrieb John G. Bennett diesen Klassiker der spirituellen Literatur: eine praktische Anleitung, wie wir – egal in welcher religiösen Tradition wir zuhause sind – die richtigen Prioritäten setzen, ganzheitlich leben und zu Selbsterkenntnis und zur Schau Gottes gelangen können.

ISBN 978-3-942914-26-0
240 Seiten

Wie können wir auf der Suche nach Selbsterkenntnis das Einssein verwirklichen und uns der Einheit des Seins bewusst werden, wie sie insbesondere vom andalusischen Sufi Muḥyīddīn Ibn ʿArabī gelehrt wurde? Der türkische Mystiker Bülent Rauf (1911–1987), vielen Lesern bislang bekannt als die eindrückliche Figur »Hamid« aus dem autobiografischen Roman *Die letzte Schranke – Ich ging den Weg des Derwischs* von Reshad Feild, widmete Jahrzehnte seines Lebens der theoretischen Auslegung und praktischen Vermittlung dieses Wissens. Die von ihm 1975 gegründete Beshara-Schule für intensive esoterische Erziehung in Schottland haben seither Hunderte von Menschen aus aller Welt besucht, um durch gemeinsames Studium und ganzheitliche Zusammenarbeit auf diesem formlosen, nicht religionsgebundenen Erkenntnisweg voranzukommen. Seine hier erstmals auf Deutsch vorliegenden Schriften versammeln erhellende Studientexte zu Grundfragen des Sufismus ebenso wie Interviews und Artikel rund um die Themen gelebte Spiritualität und Selbstvervollkommnung. Weitere autobiografische, historische und kulinarische Texte entführen uns in Bülent Raufs Jugendjahre in Istanbul und Ägypten kurz vor dem Untergang des Osmanischen Reiches, in die Blütezeit des Sufismus in Indien sowie in die türkische Küche, deren Geheimnisse dieser weise Gelehrte, der auch ein begnadeter Koch war, kenntnisreich und unterhaltsam zu schildern versteht.

ISBN 978-3-942914-23-9
216 Seiten

WEITERE TITEL IM CHALICE VERLAG

Guter Geschmack will gelernt sein: *Le bon-goût s'apprend.* Das gilt insbesondere für das spirituelle Schmecken der Einheit des Seins. In dieser einzigartigen Anthologie beschreiben liebestrunkene Sufis, wahrheitshungrige Gnostiker, erkenntnisdurstige Geisterseher und verschmitzt-weise Skandalgurus, hingebungsvolle Brotbäcker, humorbegnadete Geschichtenerzähler, ägäisverzauberte Lebensreisende und extremfastende Meisterspione Möglichkeiten und Wege, das Feine vom Groben zu unterscheiden, das Obere mit dem Unteren zu verbinden und so die scheinbare Trennlinie zwischen dem Körperlichen und dem Spirituellen zu überwinden. Wenn wir die ›Küchenarbeit an uns selbst‹ in der richtigen, nämlich dienenden Haltung angehen, kultivieren wir in uns diesen guten, feinen Geschmack für die Nähe Gottes. Bewusstes Kochen und Gekochtwerden lässt uns die Heiligkeit in der Transformation von Äußerem und Innerem entdecken.

Neben Ausgesuchtem von Dschalāl ad-Dīn Rūmī, Bahauddin Walad, Hafis, Khalil Gibran, Bülent Rauf, Reshad Feild, Muzaffer Ozak, G.I. Gurdjieff, P.D. Ouspensky, Idries Shah, Osho, Scotus Eriugena, Emanuel Swedenborg oder Henry Miller finden sich hier zum ersten Mal auf Deutsch vorliegende Trouvaillen von Annemarie Schimmel, Muḥyīddīn Ibn ʿArabī, John G. Bennett, Christopher Bamford und Paul Dukes.

ISBN 978-3-942914-20-8
324 Seiten

Ein mutiger Glaube erfordert einen großen Gott. In welche beschränkten Vorstellungen und Konzepte haben Sie das Göttliche eingesperrt? Falls Ihre Beziehung zu Gott distanziert oder beiläufig und Ihre Erfahrung des Göttlichen im Leben lau oder berechenbar geworden sind, lädt Paul Coutinho Sie ein, daran zu glauben, dass Gott größer ist – viel, viel größer! Jenseits von theologischem Dogmatismus und konfessioneller Schrebergärtnerei ist dieses Buch eine grandiose Aufforderung, in unserem Glauben tiefer zu leben und stärker zu wachsen, indem wir einen Gott umarmen, Dessen Liebe wahrhaftig keine Schranken kennt. Der aus Indien stammende und in den USA lehrende Priester, Psychologe und Theologe begeistert mit seinen Schriften und Vorträgen, die sich – mit einem östlichen Blick auf unsere westliche Spiritualität – der unermüdlichen Suche des Herzens nach dem Göttlichen widmen und unserem Verlangen, das Leben in seiner ganzen Fülle zu erfahren. *Wie groß ist dein Gott?* ist ein wunderbarer Wegweiser aus engen Bachläufen hinaus in den Fluss des Lebens und ins offene Meer des Göttlichen. Der Autor ermutigt uns mit aus dem Leben gegriffenen Geschichten, einer guten Prise Humor und wertvollen Inspirationen für unseren persönlichen Alltag, Herz und Verstand zu gebrauchen, sodass wir die unermessliche Weite Gottes erfahren können. Wir beginnen zu erkennen, dass eine immer tiefere Beziehung mit dem Göttlichen der wahre Zweck jeglicher Religion ist.

ISBN 978-3-942914-24-6
172 Seiten

Eine ebenso spannende wie humorvolle, tiefgründige wie lehrreiche Liebes- und Abenteuergeschichte über Verlust und Neubeginn, über den Auszug aus der eigenen kleinen Welt und das Erwachen im großen Unbekannten. Es treten auf: Daud, ein erfolgreicher Kaufmann von der Mittelmeerinsel Aruad; Takla, eine junge Köchin im berühmten Nonnenkloster von Saidnaya; und Shams, ein alter Ziegenbock aus den Hügeln über Damaskus. Diese drei Unerschrockenen begleitet die *Damaszener Trommel* durch die syrische Landschaft des neunzehnten Jahrhunderts, mit ihrem vielgesichtigen Kaleidoskop von Völkern, Kulturen und Religionen aus der Levante, auf ihrer abenteuerlichen Reise durch Zeit und Raum und darüber hinaus. Eine zauberhafte Erzählung über Liebe und Selbsterkenntnis, Mut und Vertrauen, Schicksal und Bestimmung, Hingabe und Freiheit. In dieser modernen Tausendundeine-Nacht-Geschichte voller Überraschungen erleben wir die Abgründe des allzu Menschlichen und höchste Menschlichkeit, Niedertracht und Großmut, kriminelle Machenschaften und spirituelle Höhenflüge und begegnen Bösewichten und Helden, Narren und Weisen – und jeder Menge Ziegen. Christopher Ryan studierte Persisch und Osmanisch und schrieb als profunder Kenner der Menschen und Traditionen im Nahen Osten viele Jahre für englische Zeitschriften. In der *Damaszener Trommel* zieht er uns augenzwinkernd in den Bann einer höheren Wirklichkeit, die er im Stil des Magischen Realismus lebendig werden lässt.

ISBN 978-3-942914-21-5
300 Seiten